中国农村专业技术协会科技小院联盟丛书

科技小院

助力种植企业发展
以广西金穗集团为例

张江周　李宝深　迟志广　主编

U0367209

化学工业出版社

·北　京·

内容简介

广西隆安火龙果科技小院作为高校与农业种植企业合作建立的科技小院，具有其独特的运行机制，是中国农技协科技小院联盟中校企合作共建科技小院的典型代表。广西隆安火龙果科技小院瞄准产业需求，解决全产业发展中的"卡脖子"问题，对促进产业绿色发展助力乡村振兴，发挥了重要作用。

本书主要介绍了广西隆安火龙果科技小院的组织形式、运行机制与人才培养模式，科技小院在金穗集团种植业（香蕉/火龙果）、深加工业、有机肥生产等板块开展绿色生产技术体系的创新与集成工作，实现了金穗集团产业发展与升级，促进了农民增收与脱贫。

本书文字简洁，图文并茂，可供从事农业技术推广、"三农"研究、产业绿色发展等方面的研究人员和广大农技推广人员参考。

图书在版编目（CIP）数据

科技小院 助力种植企业发展：以广西金穗集团为例/张江周，李宝深，迟志广主编. —北京：化学工业出版社，2021.7
（中国农村专业技术协会科技小院联盟丛书）
ISBN 978-7-122-38860-5

Ⅰ.①科… Ⅱ.①张…②李…③迟… Ⅲ.①种植业-农业企业管理-广西 Ⅳ.①F327.67

中国版本图书馆CIP数据核字（2021）第059359号

责任编辑：李建丽 傅四周　　　　　　　装帧设计：王晓宇
责任校对：宋 玮

出版发行：化学工业出版社（北京市东城区青年湖南街13号　邮政编码100011）
印　　装：中煤（北京）印务有限公司
710mm×1000mm　1/16　印张10½　彩插4　字数150千字
2021年6月北京第1版第1次印刷

购书咨询：010-64518888　　　　　　　　售后服务：010-64518899
网　　址：http://www.cip.com.cn

中国农村专业技术协会
科技小院联盟丛书

编委会

主　任：**张福锁**（科技小院联盟专家委员会主任/中国工程院院士）

副主任：**张建华**（科技小院联盟理事会理事长）

委　员：（按姓氏笔画排序）

科技小院
助力种植企业发展
以广西金穗集团为例

编者名单

主　编：张江周　李宝深　迟志广

参编人员：（排名不分先后）

刘志强　王金乔　王　斌

张学娟　刘　林　李昀倩

王少群　向赛男　潘　畅

丛书序言

　　为了应对我国农业面临的既要保障国家粮食安全，又要提高资源利用效率、保护生态环境等多重挑战，促进农业高质量绿色发展，同时解决科研与生产实践脱节、人才培养与社会需求错位、农技人员远离农民和农村等制约科技创新、成果转化和"三农"发展等问题，2009年，我们带领研究生从校园来到农村，住到了农家小院，与"三农"紧密接触，针对农业关键问题开展科学研究，解决技术难题；科技人员"零距离、零门槛、零费用、零时差"服务农户和生产组织，以实现作物高产和资源高效为目标，致力于引导农民采用高产高效生产技术，实现作物高产、资源高效、环境保护和农民增收四赢，逐步推动农村文化建设、农业经营体制改革和农村生态环境改善，探索现代农业可持续发展之路和乡村振兴途径。逐步形成了以研究生常驻农业生产一线为基本特征，集科技创新、社会服务和人才培养三位一体的"科技小院"模式，收到了良好效果，引起了社会各界关注和积极评价。2021年，中共中央办公厅、国务院办公厅印发了《关于加快推进乡村人才振兴的意见》，科技小院作为"培养农业农村科技推广人才"重要模式写入文件。

中国农村专业技术协会（简称中国农技协）受中国科协直接领导，是党和政府联系农业、农村专业技术研究、科学普及、技术推广的科技工作者、科技致富带头人的桥梁和纽带；是紧密联系团结科技工作者、农技协工作者和广大农民，深入开展精准科技推广和科普服务，积极推动农民科学素质的整体提升，引领农业产业发展，服务乡村振兴的重要力量。为了更好地发挥高校和科研院所科技工作者服务三农的作用，2018年中国农技协成立了科技小院联盟。它是由全国涉农院校、科研院所和各省农技协在自愿的基础上共同组建的非营利性联盟组织。联盟以中共中央办公厅、国务院办公厅印发的《关于创新体制机制推进农业绿色发展的意见》《中共中央　国务院关于实施乡村振兴战略的意见》《乡村振兴战略规划（2018—2022年）》《中共中央　国务院关于加快推进生态文明建设的意见》为指导，以"平等互利、优势互补、融合创新、开放共赢"为原则，整合涉农高校、科研院所、企业和地方政府等社会优质资源，加快体制机制创新，构建"政产学研用"紧密结合推动农业绿色发展和乡村振兴的新模式，全面服务于国家创新驱动发展战略和三农发展，在服务农业增效、农民增收、农村绿色发展的进程中发挥重要作用。科技小院联盟成立以来，在科协的组织领导下，一批涉农高校研究生驻扎到三农一线，充分调动了专家导师、科技人员（研究生）和当地政府、农技协、农业企业、农民专业合作社、农民群众的积极性，实现零距离科技对接，零时差指导解决，零门槛普惠服务，零费用培训推广，对推动农业产业发展效果显著。

目前，中国农技协科技小院联盟分别在四川省、福建省、江西省、广西壮族自治区、河北省、江苏省和内蒙古自治区等地建立了40多个科技小院，已有中国农业大学、四川农业大学、福建农林大学、江西农业大学、内蒙古农业大学、广西大学等学校派出的一批研究生入住科技小院，有关省和自治区的研究院所的科技专家以及各级科协组织也积极参与到科技小院的共建之中，强化了对科技小院依托单位的科技支撑，显著促进了产业发展和科学普及。

中国农技协科技小院建设创新了农技协的组织模式，增强了农技协的凝聚力，提高了农技协的服务能力，提升了农技协的组织力和社会影响力，成为科协组织服务乡村振兴的有力抓手，展现出科技小院汇集各方科技力量、助推农业产业发展、促进乡村振兴的巨大潜力。为了及时总结交流中国农技协科技小院联盟在科技创新、技术应用、人才培养和科普宣传等方面取得的进展和成果，更好地服务农业产业发展和乡村振兴，中国农技协决定组织出版"中国农村专业技术协会科技小院联盟丛书"。相信该丛书的出版会激励和鼓舞一大批有志青年投身"三农"，推动农业产业发展和乡村振兴。

最后谨代表丛书编委会全体成员对关心和支持丛书编写和出版的所有同志们致以衷心的感谢。

中国工程院院士
中国农业大学教授

前　言

　　中国农村专业技术协会（简称中国农技协）广西隆安火龙果科技小院是在广西壮族自治区科协指导下，中国农业大学与位于广西壮族自治区隆安县的广西金穗农业集团合作共建的科技小院，自2019年揭牌运行以来，在火龙果种植技术研发、技术应用推广、技术培训等方面取得了可喜进展，促进了金穗农业集团火龙果产业发展，通过举办各种形式的技术培训对推动广西壮族自治区火龙果种植业的发展发挥了积极作用。

　　科技小院模式是中国农技协副理事长、中国工程院院士张福锁教授带领团队于2009年在河北省曲周县创立的，形成了以科技人员常住农业生产一线进行科技创新、人才培养和社会服务三位一体为特征的新模式。2012年应广西金穗农业集团领导邀请，中国农业大学张福锁教授团队派出3名研究生进驻广西金穗农业集团研究解决生产问题，建立了广西金穗科技小院，也是全国首家以"大学＋农业种植企业"模式的科技小院。研究生和教师深入到生产一线，瞄准企业产业发展需求，创新集成技术，以实现技术创新、人才培养、企业产业升级与绿色发展为目标，为促进产业绿色发展、农民脱贫和乡村振兴做出了应有的贡献。

2018年11月，中国农技协科技小院联盟在广西南宁成立，中国农技协副理事长张建华任联盟理事长，中国农技协副理事长张福锁院士任联盟专家委员会主任。2019年成立了中国农技协科技小院联盟广西分联盟，广西金穗科技小院入选科技小院联盟，由于金穗农业集团现有主导种植作物之一为火龙果，根据中国农技协科技小院命名规则，将原来的金穗科技小院命名为广西隆安火龙果科技小院，依托单位为广西金穗农业集团有限公司，技术支持为中国农业大学张福锁院士团队，科技小院瞄准火龙果全产业链发展，带动县域火龙果产业绿色发展。

　　中国农技协广西隆安火龙果科技小院的前身是广西金穗科技小院，也是后者的延续和升级，火龙果科技小院的工作思路、技术研究方法、成果应用推广途径、产业人员培训体系等诸多方面都是金穗科技小院的延续和发扬。为了全面系统地介绍科技小院的做法和经验，有必要从2012年建立金穗科技小院的源头说起。因此，本书内容涵盖了自2012年开始金穗科技小院的工作，介绍了科技小院研究生参与的金穗农业集团产业中火龙果种植、香蕉种植、生物有机肥研发、农产品深加工、技术培训等相关工作，以期为读者全面了解科技小院助力农业企业发展提供更客观和全面的信息。本书主要包括以下内容：广西隆安火龙果科技小院组织形式与运行机制、科技小院助力金穗集团技术创新与产业发展、科技小院助力金穗集团火龙果产业优质高产绿色生产技术体系构建、科技小院助力金穗集团香蕉产业优质高产绿色生产技术体系构建、科技小院助力金穗集团香蕉深加工产业发展与技术研究、科技小院助力金穗集团生物有机肥产业发展与技术创新、科技小院人才培养模式和科技小院助力金穗集团精准扶贫等八章内容。

本书可以供从事农业技术推广、"三农"研究、产业绿色发展等方面研究人员和广大农技推广人员参考。

此书得以出版，要感谢中国农技协的支持，感谢中国农业大学国家农业绿色发展研究院全体老师的大力支持，尤其是张福锁院士、李晓林教授、左元梅教授等老师对广西隆安火龙果科技小院工作的指导，感谢广西金穗农业集团领导和同事对金穗科技小院的支持，特别感谢卢义贞董事长和林子海总裁等公司领导对广西隆安火龙果科技小院的关心和帮助；感谢驻扎在金穗科技小院的一批又一批研究生们付出的汗水和辛勤劳动，是他们的付出铸就了广西隆安火龙果科技小院一个又一个辉煌。

由于水平有限，书中难免存在不足之处，恳请读者批评指正。

编者

2021 年 2 月

目录

第五章
科技小院助力金穗集团香蕉深加工产业
发展与技术研究 / 89

第六章
科技小院助力金穗集团生物有机肥产业
发展与技术创新 / 105

广西隆安火龙果科技小院组织形式与运行机制❶

❶ 本章节部分内容和模式图参考张宏彦，李晓林，王冲和刘全清编著的《科技小院——破解"三农"难题的曲周探索》（北京：中国农业大学出版社，2013）。有删节和改动。

科技小院是建立在生产一线（农村、企业）的集农业科技创新、示范推广和人才培养于一体的科技服务平台。以研究生与科技人员驻地研究，"零距离、零门槛、零时差和零费用"服务农户及生产组织为特色，以实现作物高产和资源高效为目标，引导农民进行高产高效生产，促进作物高产、资源高效和农民增收，并逐步推动农村文化建设和农业经营体制变革，探索绿色现代农业可持续发展之路。

一、广西首家科技小院的由来

近些年随着中国农业集约化程度的加强，农业生产的资源环境代价在不断加大，实现作物高产和资源高效成为国家农业绿色发展的重大挑战。张福锁院士带领团队在中国农业大学曲周实验站探索了一条以土壤和作物综合管理为核心的高产高效农作物最佳管理理论与技术思路，发表了一系列文章，并获得了国家自然科学奖和科技进步奖。在实现了"顶天"目标的背景下，张福锁教授开始思考如何将已有的科研成果又快又好地应用于农业生产实践，实现"立地"的目标。2009年初，张福锁教授带领团队成员深入曲周县，与县委县政府领导共同商讨技术落地的问题，双方决定在曲周实验站建立高产高效示范方，把研究成果真正转化为生产力。当年示范方的冬小麦获得了丰收，但实验站里的产量和实验站外农户的产量差异较大。此时，张福锁教授意识到好的技术不能转化为生产力是资源的巨大浪费，于是召开全学科大会，强调必须要走出实验站，走到农民中间，把技术应用到农民田间地头。

同年，国家进行研究生教育改革，开始开展全日制硕士专业学位研究生教育。在国家政策和学科发展的要求下，2009年6月，李晓林教授带领张宏彦副教授、王冲副教授（2019年晋升为教授）和两名研究生开始驻扎到农村，常驻农民家中，主要开展科技创新工作。他们工作的地点被当地农民亲切地称为"科技小院"。2009年，全国首家科技小院在河北省曲周县白寨镇诞生，以探索当前农业院校专业学位研究生培养新机制。实现高产高效技术的大面积示范推广和人才培养的双丰收平台开始在全国获得关注。

2011年起，科技小院开始尝试不同的研究生合作培养模式，与政府、科研院所、肥料企业、种植企业等各类单位合作共建研究生科技服务平台。与此同时，科技小院研究的作物开始多样化，服务区域由北方向南方发展，开始关注热带经济作物。广西金穗科技小院是在热区建立的第二个科技小院，也是第一个与大型农业种植企业合作建立的科技小院。2012年2月，中国农业大学研究生开始驻扎广西金穗农业集团有限公司，开启了校企合作共建科技小院的新篇章。

广西金穗科技小院是中国农业大学与广西金穗农业集团有限公司（以下简称"金穗集团"）在广西合作建立的首家科技小院。金穗科技小院以"解民生之多艰，育天下之英才"和"精耕中国，基业长青"为己任，以"香蕉/火龙果全产业链绿色发展与提质增效"为目标，探索"高校+农业种植企业"培养现代农业复合型研究生模式，促进金穗集团香蕉、火龙果等产业绿色发展与提质增效，实现人才培养、技术创新、社会服务、产业升级、企业发展等目标，为热带农业绿色可持续发展与国家精准扶贫做出应有贡献。

1. 广西金穗农业集团有限公司简介

广西金穗农业集团创建于1996年，是一家集农业种植、生物有机肥生产、食用酒精生产、农产品深加工、仓储物流、园林美化工程、节水灌溉工程和生态旅游开发为一体的多元化产业集团，其中母公司广西金穗农业集团有限公司是农业产业化国家重点龙头企业。集团旗下拥有十一家全资及控股子公司或同一控制关联公司，分布于我国广西、海南、云南等地以及老挝等国。2019年，集团公司总资产近17亿元，集团国内流转的土地储备面积达5.6万亩❶，老挝流转的土地储备面积达3.2万亩，主要从事香蕉、火龙果、柑橘、甘蔗等经济作物种植。集团始终坚持以立足生态农业全产业链建设，促进一产、二产、三产融合发展的指导思想，逐步形成了"农业种植、生物肥料制造、农产品深加工、现代物流、生态休闲旅游"五大核心产业并举的经营格局。集团具备国内外领先水平的香蕉和火龙果标准化生产技术，产品达到中国绿色食品生产标准并已通过ISO 9001质量管理体系认证，畅销全国26个省（区/市）38个地市，先后培育了"绿水江"和"金纳纳"两个国产自主品牌，集团经营规模大、产业化程度高、设备技术先进，与农户形成了紧密的利益联结机制，拥有成熟的现代化农业种植经营模式。

2.广西隆安火龙果科技小院的由来

2008年冬，当时北方的冬天已落叶满地，毫无生机，而南方却绿意盎然，生机勃勃。张福锁教授亲自考察过金穗集团，详细地了解了金穗集团的运行模式，也倾听了金穗集团在发展中遇到的瓶颈问题。金穗集团卢义贞董事长希望张老师能帮助金穗集团解决产业中遇到的问题，张老师当时也认为一定找机会与金穗集团开展合作，苦于没有明确的切入点而暂时搁浅。但张老师始终没有放弃，一直在思考如何开展合作。2008年埋下了合作的种子，为日后开展合作奠定了坚实的基础。

2011年12月5～7日由中国农业大学和中国热带农业科学院联合主办的"首届热带亚热带高产高效现代农业国际研讨会"在海南省海口市召开，国内外研究学者和企业家代表齐聚海口，为热带农业的发展建言献策。广西金穗农业集团有限公司作为中国香蕉种植企业代表受邀介绍金穗集团香蕉产业发展经验，金穗集团总裁林子海受邀参加此次研讨会。林总详细介绍了金穗集团的发展历程及目前公司香蕉产业发展中面临的主要问

---

❶ 亩是中国市制土地面积单位，1亩大约为667平方米，15亩等于1公顷。

题，并在会后与张福锁教授、李晓林教授进行了深入探讨。2012年2月24日，张福锁教授、李晓林教授应卢义贞董事长和林子海总裁的邀请回访金穗集团。万亩成方连片的现代化蕉园当时还处在越冬期，白色的拱棚将大地装点得犹如北方的林海雪原。望着眼前足以让人震撼的农业生产体系，裂果、青熟这些限制产业发展的技术难题激发了教授们的历史使命感。"解民生之多艰、育天下之英才"是中国农业大学赋予每位农大师生的基本义务和责任，如果不能在这样的产业平台上发挥应有的作用、培养一批未来的产业技术领军人物，作为从事农业科学研究的专家很可能会留下终身遗憾。虽然科技小院从未踏足过香蕉领域，但是在金穗集团高层领导的盛情邀请和张老师对热带农业绿色发展责任意识的驱动下，这个团队已经没有不留下来的理由。

2012年，金穗科技小院第一批师生团队继张福锁教授回访金穗集团后正式组建成型（图1-1）。由李晓林教授负责一线指导与协调，博士生李宝

图1-1　张福锁教授（左三）和李晓林教授（左一）带领研究生深入
金穗集团生产一线（附彩图）

深带领硕士生张涛和余赟驻扎生产一线，开展科技创新与服务。同时还聘请卢义贞董事长作为研究生的校外合作导师共同负责研究生的教育和培养工作。

2012年11月23日，在公司行政大楼举行了"中国农业大学资源与环境学院金穗校外培养基地"和"中国农业大学和广西金穗农业集团有限公司中国现代农业科技小院"揭牌仪式，标志着校企合作上了一个新的台阶（图1-2）。自此，一代代科技小院人在金穗集团这方热土上挥洒汗水，铸就了一个又一个辉煌。2019年12月25日，由广西科学技术协会、中国农业大学、广西大学、广西农业农村厅、广西农业科学院、南宁市科学技术协会和隆安县科学技术协会合作共建的中国农技协广西隆安火龙果科技小院（以下简称广西隆安火龙果科技小院）揭牌（图1-3），中国农技协科技小院联盟理事长张建华亲自为科技小院揭牌，标志广西金穗科技小院正式加入中国农技协科技小院联盟。广西隆安火龙果科技小院作为广西金穗科技小院的延续和升级，其工作思路、技术研究方法、成果应用推广途径、产业人员培训体系等诸多方面都是在金穗科技小院的基础上进一步发扬和完善。

图 1-2　2012 年广西金穗科技小院揭牌（附彩图）

图 1-3　2019 年广西隆安火龙果科技小院揭牌（附彩图）

二、广西隆安火龙果科技小院的基本组成

1.广西隆安火龙果科技小院的人员组成

广西隆安火龙果科技小院依托广西金穗农业集团有限公司，由广西科协、中国农大、广西大学、广西农业农村厅、广西农科院、南宁市科协和隆安县科协合作共建。合作共建单位的工作人员是广西隆安火龙果科技小院重要组成成员，他们为科技小院学生提供技术支持和帮助。比如，广西大学、广西农科院、广西农业农村厅、南宁市科协、隆安县科协等专家教授们为广西隆安火龙果科技小院学生提供技术支持。金穗集团组织架构完备，从公司高层领导、中层部门负责人、基地场长到基地管理员，再到承包户都属于科技小院范畴。金穗集团与合作共建单位相互配合，联合攻关，实现共赢。

2.广西隆安火龙果科技小院的组织框架

广西隆安火龙果科技小院建有完善的组织框架，隶属于中国农技协科技小院联盟，遵循"科协领导、院校实施、教师指导、学生常住、多方支持"的原则，以助力"一县一品"农业发展和乡村产业振兴为目的。广西金穗农业集团有限公司作为依托单位，以香蕉、火龙果等产业为主要抓手，中国农业大学、广西大学等高校派研究生驻扎在产业生产一线，当地科研院所、科协等专家提供技术指导，作为研究生的校外指导教师开展技术集成创新、社会服务等工作，促进产业发展（图1-4）。研究生、专家与公司员工/技术人员相互协调合作，按照工作计划和工作方案按部就班

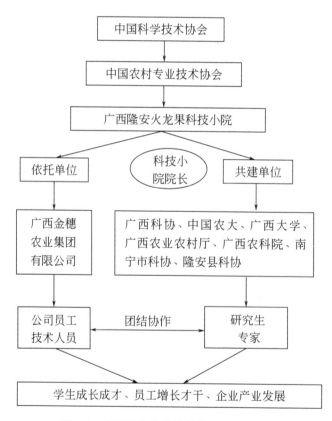

图1-4 广西隆安火龙果科技小院组织框架

完成，并根据实际情况进行商讨，完善工作方案。科技小院实行院长负责制，院长负责工作的具体汇报，扮演上呈下达的角色（表1-1）。科技小院共建双方共同谋划、精诚合作，实现学生成长成才、员工增长才干、企业产业发展壮大的目标。

表 1-1　广西隆安火龙果科技小院（广西金穗科技小院）历任院长

院长	担任时间	硕士生/博士生
李宝深	2012～2014	博士生
余赟	2014～2015	硕士生
张江周	2015～2018	博士生
向赛男	2018～2019	硕士生
迟志广	2019至今	博士生

2020年7月，以广西隆安火龙果科技小院为基础，金穗集团牵头成立了隆安县金穗火龙果产业协会，首批会员55人，形成"一院一会一企"新模式，协会成立后，将进一步强化与农民的联结关系，辐射带动更多农户提高火龙果种植技术和管理水平，提质增效，促进当地火龙果产业绿色健康发展。

三、广西隆安火龙果科技小院的功能与主要工作

广西隆安火龙果科技小院的工作人员深入生产一线，发挥科技小院科学研究、技术创新集成与示范、人才培养、企业文化建设、社会服务等五个方面的功能（图1-5）。根据广西隆安火龙果科技小院的五大功能，开展的主要工作包括以下部分：

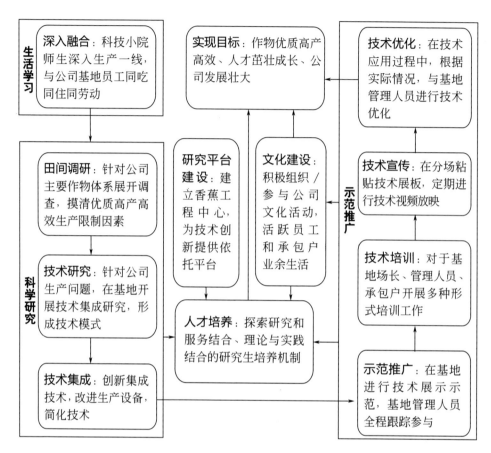

图 1-5 广西隆安火龙果科技小院主要工作

1.深入学习

科技小院师生与基地管理人员、承包户同吃同住同劳动，深入一线，了解香蕉生产的每个环节，掌握香蕉/火龙果的生长发育特性。科技小院研究生与基地管理人员结成对子，相互学习，取长补短，为下一步开展科学研究工作奠定基础。

2.科学研究

经过一个生长季的跟踪，研究生掌握了香蕉/火龙果整个生产过程的管理方法，发现了香蕉/火龙果生产中限制优质高产高效的主要障碍因子。针对障碍因子设计科学试验，与基地管理人员一同开展研究工作，形成新的技术模式。对技术模式进行集成和精简化，形成便于操作的轻简化技术。

3. 示范推广

集成的轻简技术需要在田间进行验证和展示，研究生和基地管理人员全程参与跟踪，随时进行技术优化。同时研究生把形成的技术模式对其他基地场长、管理人员和承包户进行培训；把关键技术制作成技术展板粘贴到工人住处，便于其随时学习科学技术；把技术拍摄成视频，在香蕉/火龙果生产的关键环节进行视频播放和宣讲，使承包户能掌握技术的工作要求，有助于提高香蕉/火龙果产量和品质。在示范推广的同时及时进行技术优化，保障技术能真正服务于企业生产，成为有用的技术。

4. 人才培养

广西隆安火龙果科技小院的人才培养涉及面较广，主要包括研究生的培养、企业员工的培养、承包户的培养、研究人员的培养、公司领导层的培养等。

5. 文化建设

金穗集团作为国家级龙头企业，建设有完备的企业文化，"精耕中国、基业长青"是金穗集团的愿景。科技小院积极参与和组织各项企业活动，比如篮球比赛、拔河比赛、生日聚会等。每年的公司年会是金穗集团的大事，担任记分员、主持人等是科技小院学生的拿手好戏。由科技小院学生负责的"金穗论坛"已经成为金穗文化的重要组成部分，成为培养金穗集团中青年技术骨干的摇篮。

6.研究平台建设

作为一个农业企业，科技研发是必不可少的。研发平台是科技创新的首要条件。2012年中国农大联合金穗集团建设了南宁市金穗香蕉产业技术创新中心（图1-6），科技小院作为重要的参与者和运行者，见证了研发平台从无到有的变化。2016年研发平台升级，由市级创新中心升级为自治区级工程中心，科技小院学生全程负责该项目的申报、结题和验收工作，见证了平台一步一步的提升。

图1-6　广西金穗香蕉产业技术创新中心落成典礼

四、广西隆安火龙果科技小院的组织运行机制、技术支撑模式

广西隆安火龙果科技小院是校企合作解决共性产业问题，瞄准香蕉、

火龙果等热带作物产业，与企业员工一起进行科学研究、技术创新集成及示范推广工作，实现科研成果转化、推动企业相关产业快速发展，促进当地产业融合的平台。以协会、产业联盟等非政府组织为依托，把研究成果应用到广西、热带地区乃至整个东南亚地区。广西隆安火龙果科技小院以"大学-企业"为主导，政府、科协、当地高校和科研院所、农技部门等多方参与，从而实现科学研究、示范推广、人才培养、企业发展等多方面有机结合。科技小院研究生与企业员工协同合作，共同推进企业发展及服务当地产业升级是广西隆安火龙果科技小院的一大特色。

1.运行机制

广西隆安火龙果科技小院由中国农业大学、广西大学、广西农科院和地方科协为主要技术支持单位，中国农大和广西大学每年安排2～3名研究生常驻科技小院，教师通过线上和线下相结合的方式指导学生开展研究工作。金穗集团、自治区/市/县科协和广西农业农村厅作为依托单位为常驻研究生提供研究平台、科研经费和基础设施保障工作，科技小院研究生入职金穗集团技术部，成为金穗集团的正式员工。金穗集团负责人带领研究生更好地熟悉生产，增强科学实践能力，研究生的研究内容由中国农大和金穗集团负责人共同商讨决定。每个研究内容都紧贴生产实践，以应用研究为主，更好地服务企业发展。

高校、科研院所、科协和金穗集团实践教师团队共同指导研究生在技术集成、技术传播、人才培养、社会服务等方面贡献力量。高校在这个过程中实现了培养学生的职能，不仅获得了研究成果，也提高了学生的能力，向社会输送了更多高素质专业农业科技人才。金穗集团在这个过程中不仅培养了公司员工，也提高了企业收益和知名度，保障了企业的良性循环，增强了企业产业竞争力，在国家精准扶贫中贡献了力量。高校、科研院所、科协和金穗集团依托科技小院合作开展工作，实现共赢（图1-7）。

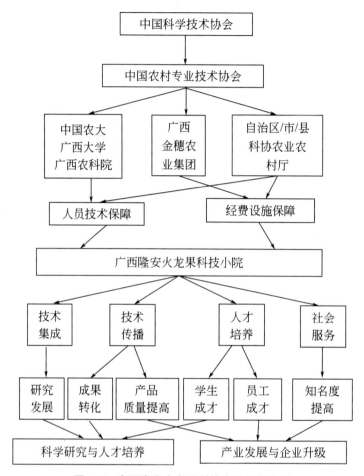

图1-7　广西隆安火龙果科技小院运行机制

2.组织模式

广西隆安火龙果科技小院为实现其多元化的功能，构建了多方参与的组织模式（图1-8、图1-9）。在各共建方的共同鼓励下，研究生和基地管理人员及承包户共同进行科技创新。广西隆安火龙果科技小院依托金穗集团提供的优越生活设施、健全的研究平台、示范平台和培训平台进行技术集成、示范推广及文化建设，最终实现香蕉和火龙果优质高产、学生成长成才、员工增长才干、企业效益提升、学校人才培养等多方共赢的和谐画面。

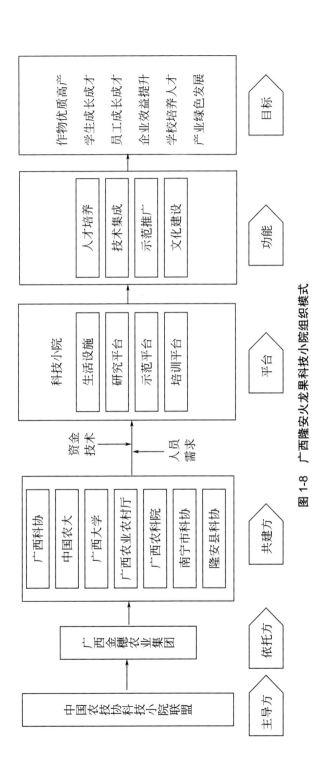

图 1-8 广西隆安火龙果科技小院组织模式

图 1-9　广西科协副主席刘翠权、广西大学农牧产业发展研究院副院长
邹知明调研科技小院运行模式（附彩图）

3.技术支撑

技术创新是金穗集团能长期稳步发展的基础，广西隆安火龙果科技小院的研究生和金穗集团员工联合农大和当地各方力量，在长期的实践摸索中形成了一套完善的技术创新模式。研究生与基地员工在生产一线，发现生产中的关键问题，通过咨询老师、当地专家、基地种植能手和查询资料，明确限制因子。与此同时开展试验设计，提出消除障碍因子的关键技术，然后经过反复验证，确定技术效果。研究生采用分场培训、金穗论坛等形式传播技术，以农产品商品率和价格为最终的评价标准。在技术执行过程中发现了现行技术的缺陷，会再进行修正和优化以达到最佳效果（图1-10）。

科技小院的研究工作遵循"Describe-Explain-Explore-Design，DEED"的研究思路，即发现问题-剖析问题-技术研究-技术集成-效果评价的模式。以土壤酸化为例，研究生在生产一线跟踪发现土壤酸化是限制香蕉产量和品质提升的关键问题（发现问题）。土壤酸化会对香蕉根系产生铝毒，影响香蕉根系的生长，抑制养分的吸收，从而导致植株不健康（剖析问题）。通过在根层土壤施用有机肥和石灰等改良剂，从而能有效缓解土壤酸化，提升了香蕉产量和品质，形成根层土壤酸化调控技术（技术研发）。

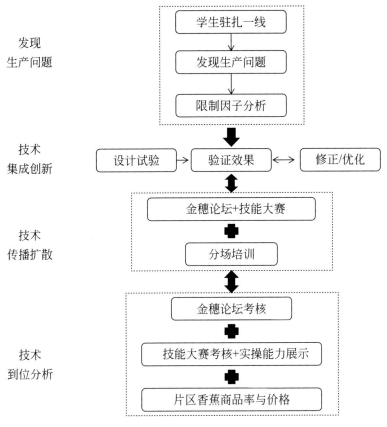

图 1-10　广西隆安火龙果科技小院技术创新模式

根层土壤酸化调控技术结合土壤线虫防控技术、养分综合管理技术、花果期管控技术等多项技术，集成根层土壤健康综合提升技术体系（集成技术）。采用多项综合技术可以减少肥料和化肥投入量30%以上，节省了企业生产成本，增加了收益（图1-11）。

目前科技小院的研究生瞄准生产实际问题，在酸性土壤调控、线虫防控、养分综合管理、花果期管控、火龙果优质高产栽培、有机肥生产、深加工等多方面开展了系列研究工作，对促进企业产业升级和推动当地产业发展发挥着重要的作用。中国农业大学党委书记姜沛民、原校长柯炳生（现任中国农技协理事长）对科技小院的工作给予高度评价（图1-12、图1-13）。

问题–Describe	剖析–Explain	技术研发–Explore	集成设计–Design	效果
◆ 养分不平衡 ◆ 裂果 ◆ 土壤酸化 ◆ 枯萎病和线虫病严重	◆ 根际中微量元素不平衡钙镁缺乏 土壤酸化，根系生长受阻，抑制养分吸收 ◆ 根际致病微生物和致病性线虫增加	◆ "增钙补镁、平衡氮钾"养分综合管理技术 ◆ 根际土壤酸化调控技术 ◆ 环境友好型功能水溶肥防控病虫害技术	◆ 香蕉绿色生产与提质增效的综合技术体系 ◆ 根际土壤健康综合提升技术体系	◆ 肥料投入量减少30%以上，节约肥料成本近2000万元 ◆ 农药施用量减少30% ◆ 累积增加收益多万元

◆ 技术传递衰减环节与因素解析

◆ 高效技术传播途径，集成配套与产品物化

图 1-11　科技小院技术创新思路

图 1-12　中国农业大学党委书记姜沛民（左二）听取
张江周（右一）汇报科技小院工作（附彩图）

图 1-13　中国农业大学原校长柯炳生（左五）在张福锁老师（右四）和林子海总裁（右五）陪同下视察科技小院（附彩图）

第二章

科技小院助力金穗集团技术创新与产业发展

　　广西金穗农业集团有限公司（以下简称金穗集团）创立于1996年，最初注册名称为广西金穗农工贸有限公司。当时主营作物是甘蔗、木薯等亚热带经济作物，香蕉属于附属作物，种植面积仅50余亩。得益于国家农业贷款政策的开放，公司香蕉种植面积由建成初期的50余亩增长至500亩。受种植技术和生产组织形式影响，金穗集团发展初期，企业效益微乎其微，甚至是负债经营。此后，广西金穗农工贸有限公司的种植主体逐渐过渡到了香蕉上。该时期为金穗集团发展的萌芽阶段，其重要意义在于初步形成了中小型农业种植企业的雏形。

　　随着国家在农村土地流转政策的逐渐放开，金穗集团也逐步进入资本整合阶段，并于2000年更名为"广西金穗农业投资有限公司"，香蕉种植规模开始进入快速发展。初具规模的种植园使得金穗集团开始率先思考如何由零散经营向专业化管理过渡的问题，并成立"隆安县绿水江香蕉专业合作社"，开始了针对片区承包制度探索。到2006年，广西金穗已经初步形成了"合作社＋农户"的承包管理模式，并注册了"绿水江"牌香蕉商标。该阶段，金穗集团的香蕉种植面积由2000年的500亩发展至2006年的3800亩，并于2006年被确定为农业部国家南亚热带作物名优基地和农业部首批香蕉标准果园创建基地。

　　2006年广西金穗农业集团从过去的零散种植开始向以市场消费需求为导向的精准化种植发生转变，在品种、机耕方式、种植密度调整、定植（留芽）时间、栽培技术、护果技术等方面对过去的方案进行了全面优化。2009年金穗集团香蕉采收编砍工作制度开始实施，极大程度地提高了香蕉的采收率和整齐度。金穗集团香蕉种植规模也因此在3年之内激增至1.2万亩。2009年，金穗集团率先从以色列引进国际一流的滴灌施肥设备，并在香蕉水肥精细化管理方面走在了业内前列。同年，金穗集团旗下第一家子公司——广西香丰种业有限责任公司成立，标志着金穗集团在香蕉优质脱毒组培苗选育及应用方面已经走在业内前列。金穗集团旗下第二家全资子公司广西金穗生物科技有限责任公司10万吨级生物有机肥生产线正式投产。到2011年6月，金穗已经形成了以香蕉种植为主体，集优质组培苗生产和生物有机肥生产于一体的现代化农业种植企业，并正式更名为"广西金穗农业投资集团有限责任公司"。2012年凭借2.3万亩的超大种植规模一跃成为中国香蕉种植面积最大的现代化农业种植企业，并被认定为第五批农业产业化国家重点龙头企业。

2012年金穗集团正式与中国农业大学联合建立广西金穗科技小院，并建立广西金穗香蕉产业技术创新中心，针对广西香蕉产业面临的共性产业问题展开技术攻关。9年的合作历程，在香蕉/火龙果生产、人才培养、技术创新、科技推广等领域取得显著成绩。在此期间，自主研发形成了30多项科技成果并申请25项发明专利。目前金穗集团已逐步形成了"农业种植、生物肥料制造、农产品深加工、现代物流、生态休闲旅游"五大核心产业并举的经营格局，具备国内外领先水平的香蕉和火龙果标准化生产技术，拥有成熟的现代化农业种植经营模式。

一、农用土地流转经营的"金穗模式"

"金穗模式"的核心内涵是：通过推动土地流转、集中经营，建立利益联结机制，使农民获得"地租＋承包工资"和"基本价＋超额分成"及"资金＋技术＋提质增效"收益，实现企业与农户的共赢。在长期的探索中逐步形成了三种经营模式（图2-1）。

1. "公司承租＋分包"型

公司将农户土地租赁下来，吸纳农户到企业务工，土地经整理后分包给农户管理，农户在公司统一安排下进行作物管理，负责出工出力，作物收获后公司按产量向农户计发承包金。在这种模式中，农民获得了"地

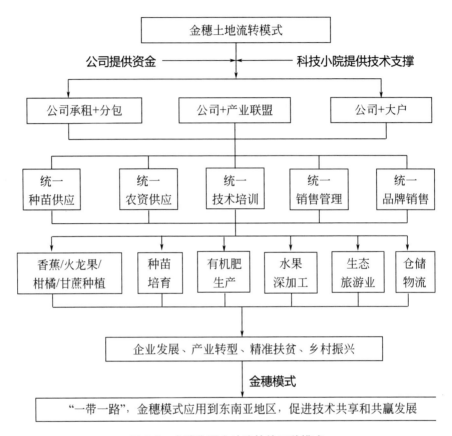

图 2-1 金穗集团土地流转的三种模式

租+承包工资"的收益。这种模式流转的土地面积约占60%。

2. "公司+产业联盟"型

公司与农户签订产业联盟协议,依托"隆安县绿水江香蕉专业合作社",划区集中农户零散土地,统一规划、统一标准、统一培训、统一收购,农户负责出土地、出人工,按照公司技术要求开展种植管理,作物收获后公司按基本价收购产品,产品按市场价销售后,超出基本价部分由公司与农户按3∶7的比例进行分成。在这种模式中,农户得到了"基本价+超额分成"的收益。这种模式流转面积约占5%。

3."公司+大户"型

公司将农户土地租赁下来，通过"小块并大块"土地集中连片整理，再按不同规模片分包给种植大户进行经营，大户自负盈亏。大户负责解决自有部分生产投资（占30%）及按公司要求组织生产管理，公司负责通过小额贷款融资解决生产投入部分流动资金借贷（占70%），同时统一种苗供应、统一技术培训、统一农资供应、统一销售管理、统一品牌销售。公司通过自有工厂和广西香蕉产业协会的平台功能，实现种苗和农业生产所需资料的预付，解决大户投入品和流动资金短缺的难题；通过组织大户和农民技术培训，运用科技小院提供的测土配方施肥和植物营养方案，提升生产管控水平并保障产品质量安全；公司通过统筹产品销售管理，实现产品分级和包装标准，促进产品提质增效；公司通过使用"绿水江"和"金纳纳"品牌包装，提升产品单价和市场竞争力。在这种模式中，培养了大量新型种植大户和新型农民，他们得到了"资金+技术+提质增效"的收益，这种模式流转面积约占35%。

二、金穗生产组织模式

农业种植板块是金穗集团的核心板块。金穗集团采用"场长+管理员（技术员）+承包户+临时工"的种植管理模式，公司将流转土地按地理位置划分为若干分场，分场的面积在几百亩到上千亩不等，分场内部又细分为若干管理片区（图2-2）。每个分场设场长一名，技术员一名，管理员一到五名不等，承包户若干。其中，场长主管整个分场的生产事务，负责组织、协调、安排分场人员的工作内容。管理员主管一个片区的承包户（4～7户），负责组织、培训和监督承包户的田间生产操作。技术员多为大中专毕业青年，有一定知识水平，主管泵房设备，负责分场的水、肥施放和农药配制。承包户是香蕉/火龙果的直接"监护人"，承包户一般由夫妻两人组成，年龄多在30～50岁之间，管理面积50～60亩，是香蕉/火龙果生产的主要劳动力，负责整个生长期的农事操作，包括撒肥、喷药、除草、除芽、割叶、花果期管理等。临时工是香蕉集中现蕾后，由于护果管理操作劳动量大且对操作时间要求严格，常需要雇用临时工协助承包户完成工作，请工数量由承包户的效率决定。或者是在火龙果采收过程中，承包户会根据工作量雇用临时工。香蕉和火龙果的水肥、植保和管理方案是由生产技术部联合科技小院，根据销售部反馈的市场需求制定的，最终由高层领导审核决策，然后下发，要求各分场统一执行。

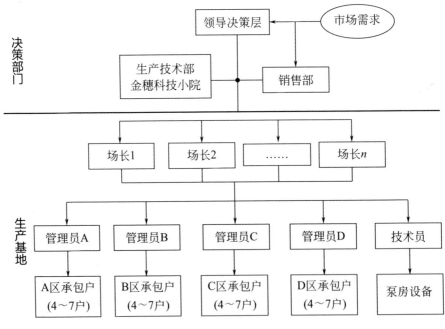

图2-2　金穗集团种植板块生产组织形式图

　　金穗集团的农业种植具有流程标准化、规模集约化、产品品牌化、效益最大化和管理制度化的特点。

1.流程标准化

农业生产的标准化融技术、经济和管理于一体，是"科技兴农"的载体和基础，也是农业增长方式由粗放型向集约型转变的重要内容之一。在这方面金穗集团利用企业化的管理模式：在体制上，健全了生产、财务、管理、质检、水电、供销等部门，为统一技术、统一操作流程奠定基础；在生产上，实行连片种植，按照科技小院研发的统一技术规程进行生产，体现了专业化、企业化与标准化的有机整合。生产技术部和科技小院是标准化生产流程的制定者，《滴灌条件下香蕉高产高效标准生产技术规程》《火龙果种植技术规程》和《火龙果分级标准》的制定是金穗集团种植板块生产流程标准化的最好体现。

2.规模集约化

金穗集团主要采用"公司+基地+合作社+农户"的种植模式。金穗集团通过先承租农民土地，然后再优先聘请土地出租户管理土地的办法，成功地实现了土地规模化经营和劳动力的聚集。而种植中所需的技术则由金穗集团生产技术部和科技小院负责。对于出租土地的农民来说，他们只需按公司的标准进行管理，即可得到地租和收益提成的双份收入。对于金穗集团来说，这一模式成功地实现了生产规模的集约化，为公司取得了良好效益。

3.产品品牌化

金穗集团最初以香蕉为主打产品，打造了"绿水江"香蕉品牌，实现了产品的核心化。借助金穗集团"绿水江"品牌的优势，实现了销售利益最大化。"绿水江"牌香蕉荣获"广西著名商标"和"中国果品百强品牌"荣誉称号。随着金穗集团种植结构的调整，现在重点打造的"金纳纳"牌香蕉、火龙果和柑橘符合国家绿色食品A级标准，在广西乃至全国都享有盛誉。

4.效益最大化

金穗模式注重生产效益上的反哺和共赢。以当地农户的收益为例，农民既可以通过出租土地获得地租收入，又能从管理香蕉和火龙果中获得利润提成。而每年收获农产品时，金穗集团还从当地贫困山区招聘季节工，有利于缓解当地农民的就业压力。同时金穗集团吸纳建卡贫困户作为公司的承包户，并解决承包户孩子的上学问题，极大地调动了承包户的积极性，体现了金穗集团的社会责任感。

5.管理制度化

与传统的农业经营机制不同，金穗模式采用"公司型"生产管理制度。如在生产方面，推行"场长责任制"，实行分片、分区承包到户的"金字塔式"管理模式，引入竞争奖励机制，从上到下，分工明确，各项生产工作都落实到人，严格按照标准化来进行生产；在销售上，对产品进行统一包装和营销，杜绝市场欺骗行为；在效益分配上，奉行"公司发展、大伙发财"的原则，保障了每一个员工的责任感和主人翁意识。这些制度运转灵活，责任明确，为金穗模式的成功提供了基础。

三、科技小院助力金穗集团技术创新与产业产品发展

1.金穗集团科研平台建设

科技创新是保障金穗集团持续增收增效的力量源泉，也为产业发展提供了不竭的动力。科技创新依托研发平台的建设，研发平台的升级为科技创新提供保障。2012年金穗科技小院成立之初，金穗集团未建有研发平台。

中国农大江荣风教授和宋建兰老师具有丰富的实验室建设和管理经验（图2-3），两位老师亲自到金穗集团与金穗科技小院团队成员深入探讨实验室的规划方案，金穗科技小院研究生全程参与实验室的建设。实验台安装、实验仪器的购买与安装、实验室内部布置等工作都渗透着金穗科技小院团队的辛勤汗水。2012年，广西金穗香蕉产业技术创新中心正式落成，同年申请市级创新中心的建设工作。

图2-3 江荣风教授（右二）与金穗集团领导共同商讨实验室建设情况（附彩图）

经过两年的创建工作，2015年金穗研发平台顺利通过了专家组的验收，升级为市级创新中心。2013年开始申请自治区级工程中心的建设，科技小院团队成员作为区级工程中心建设项目的执行者和主力军，按照任务书要求超额完成了各项建设指标，2016年顺利通过了广西科技厅专家组的验收，升级为自治区级工程中心，同时更名为"广西香蕉育种与栽培工程技术研究中心"（图2-4）。

随着研发平台建设的升级，团队成员积累了丰富的经验。2015年和2016年，金穗科技小院团队成员协助完成金穗集团旗下广西铂洋果业科技

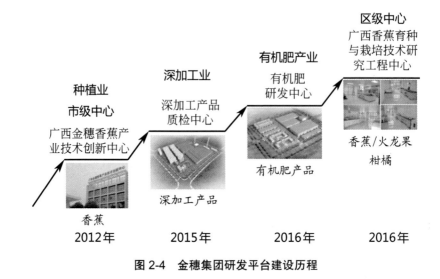

图 2-4　金穗集团研发平台建设历程

有限公司和广西金穗生态科技股份有限公司实验室建设工作，分别成立了深加工产品质检中心和生物有机肥研发中心。两个新建研发中心联合自治区级工程中心，在种植产业、深加工产业和有机肥产业中发挥着重要的作用。以此为基础，广西金穗农业集团有限公司和广西金穗生态科技股份有限公司成功申请广西高新技术企业。

2.金穗集团技术创新

依托研发平台的建设，金穗集团产业的发展与科技创新是紧密结合的。对于金穗集团的几大核心植株板块，科技创新在推动产业发展中发挥着极其重要的作用。张福锁教授和李晓林教授与金穗集团卢义贞董事长共同商讨金穗种植业发展，开展关键技术创新（图2-5）。对于香蕉种植来讲，科技小院团队先后创新并集成了蕉园土壤健康综合调控技术、养分综合管理技术和花果期管控技术，最终形成了金穗香蕉产业优质高产绿色生产技术体系。针对火龙果这一新兴产业，团队成员先后研发出土壤-植物养分综合管理技术、补光技术、夏季防晒技术、采收技术等等，集成了金穗火龙果产业优质高产绿色生产技术体系（图2-6）。在保障种植产业提质增效和企业增收方面具有引领作用，同时依托综合技术体系建设，生产的香蕉和火龙果符合国家绿色食品A级标准。

图 2-5　张福锁教授（右四）、李晓林教授（左二）、江荣风教授（左一）与卢义贞董事长（左三）在中国农大讨论科技小院工作（附彩图）

随着金穗集团产业链的延伸，有机肥产业和深加工产业应运而生。科技小院团队在香蕉深加工产业进行了探索，形成了香蕉最佳采收时间技术、气调催熟技术、香蕉浆防褐变护色技术等（图2-6），保障了香蕉浆的生产，满足了广大客户和消费者对香蕉深加工产品的需求。对于有机肥产业来讲，科技小院研究生先后参与功能型生物有机肥产品研发、微生物发酵与应用技术创建、水溶性有机肥料产品研发、好氧快速发酵工艺改进和基质产品开发等，其子公司广西金穗生态科技股份有限公司是广西首家在新三板挂牌上市的微生物有机肥料生产与服务公司。

图2-6 金穗集团产业发展技术创新历程（附彩图）

3.金穗集团产业发展

从2012年金穗科技小院建立开始，金穗集团各个产业发展进入了快轨道。金穗集团由"香蕉种植、香蕉深加工、现代物流、休闲旅游"四大板块发展成为"农业种植、生物肥料制造、农产品深加工、现代物流、生态休闲旅游"五大板块相互融合的发展格局，实现了一二三产业的大发展（图2-7）。

广西隆安火龙果科技小院在金穗集团几大板块的发展中发挥着重要的支撑作用。以农业种植板块为例，香蕉种植面积由2012年的2万多亩增长到2020年的近4.5万亩，种植面积增加了110%。种植区域由广西扩展到一带一路沿线的老挝。火龙果种植面积由2014年的不足75亩，扩大到现在的近7500亩，增长了近100倍（图2-8）。火龙果种植区域由广西拓展到了海南。种植业快速发展的同时，生产成本在逐年下降。以香蕉为例，采用科技小院研发的香蕉产业优质高产绿色生产技术体系，使香蕉生产养分投入量由2007年的6800kg/ha下降到2019年的1400kg/ha，养分投入量约下降为

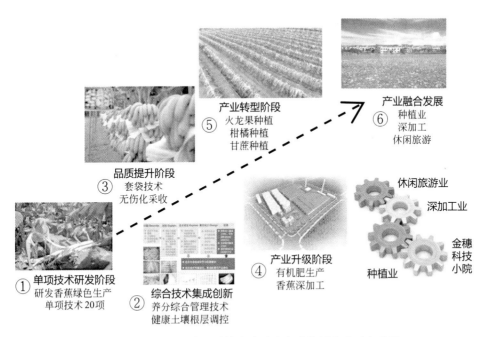

图 2-7 广西隆安火龙果科技小院助力金穗集团产业融合发展

之前的1/5，生产效率（以氮为例）由29kg/kg（2007年）提升到149kg/kg（2019年），产量保持在50～60t/ha，商品果率保持在95%以上（图2-9）。

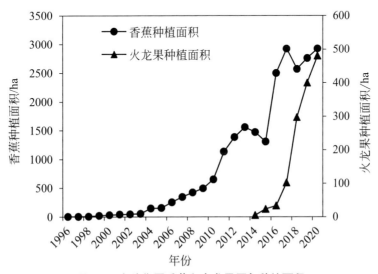

图 2-8 金穗集团香蕉和火龙果历年种植面积

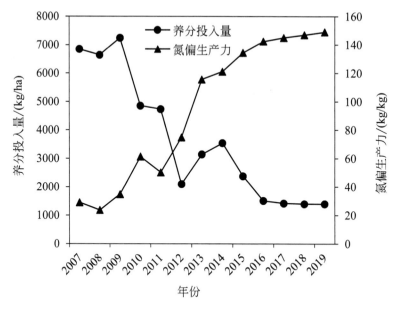

图 2-9　金穗集团香蕉养分投入量和氮生产效率

有机肥生产公司由2009年的一家（广西金穗生态科技股份有限公司）增加到2019年的三家（广西兴嘉农生态科技有限公司和老挝金穗生物科技有限公司）。有机肥的年生产量由2011年的6万吨增加到2014年的10万吨，再增加到2017年的35万吨。2019年年生产量为38万吨。有机肥产品由一种增加到多种，如柑橘专用生物有机肥、火龙果半基质肥等。

深加工产业由香蕉深加工产品拓展到百香果、芒果等水果，同时产品不仅仅局限于香蕉浆，还可以生产风味糖浆、混合果汁、百香果浆、芒果浆、水果冻块等系列产品。除了每年生产香蕉浆10万吨，香蕉粉3000吨，同时可以生产风味糖浆等系列产品。

4.金穗集团绿色产品生产

研发平台是技术创新的基础，技术创新促进产业发展，产业发展带动产品升级。产品升级不仅仅是指产品数量的增加，更重要的体现在产品质量的提升。产品质量的提升包括产品生产的各个环节，严格按照国家或行

业的相关标准执行，甚至要比这些标准更严格，这样生产出来的产品才更加
具有市场竞争力。其中绿色食品认证是产品质量提升最重要的标志之一。

绿色食品的生产需要贯穿整个生产环节。以香蕉和火龙果为例，其生
产过程包括产地环境、生产过程中农药化肥等投入、包装运输等各个环节
的技术体系。生产技术部和科技小院团队在制定香蕉、火龙果和柑橘施肥
和管理方案时，严格按照《NYT 393—2013绿色食品 农药使用准则》和
《NYT 394—2013绿色食品 肥料使用准则》的要求，并随时根据中国绿色
食品发展中心每年发布的公告调整管理方案。

获得绿色食品认证的产品每年都要进行年检，每三年需要重新认证一
次。若要一直维持绿色食品的认证，需要建立长期有效的质量追溯机制。
张福锁院士作为中国绿色食品发展研究院院长对金穗集团绿色食品的工作
提出了指导性意见。科技小院团队联合生产技术部、销售部和工程中心负
责每个环节的质量把控，对产地环境、投入品、生产过程、收获管理、包
装运输等环节建立了严格的标准，形成了金穗集团绿色产品质量管控机制
（图2-10）。科技小院研究生参与绿色食品内检员的培训，把最新的规定及
时反馈给香蕉和火龙果生产，同时负责培训公司员工，建立完整农产品质

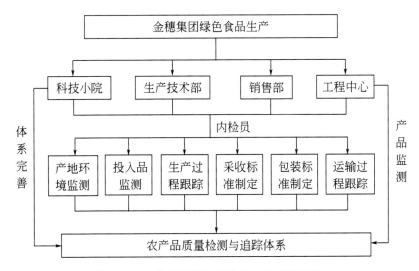

图 2-10 金穗集团绿色食品生产质量管控机制

量检测和追踪体系。工程中心实验员（科技小院研究生和金穗集团员工）负责农产品质量的检测，根据检测结果，科技小院与其他部门共同讨论优化整个生产环节，并逐步完善质量检测与追踪体系。有了完善的机制做指导，金穗集团生产的香蕉连续10年（2011至今）被认证为绿色食品A级产品，生产的火龙果连续4年被认证为绿色食品A级产品（2016至今）。同时香蕉和火龙果分别在2016年和2020年获得农产品出口认证，将会在国际舞台上继续保持强有力的市场竞争力。

第三章

科技小院助力金穗集团火龙果产业优质高产绿色生产技术体系构建

火龙果是金穗集团种植板块最重要支柱产业，目前已经超过香蕉成为第一大种植产业。2014年金穗集团尝试种植火龙果，卢义贞董事长把研究火龙果的任务交到了科技小院研究生身上，研究生王金乔、迟志广、王少群、潘畅等深入到火龙果生产一线，开展火龙果技术系列研究和集成工作。目前，火龙果种植是金穗集团种植产业转型最成功的板块之一。得益于香蕉的种植经验、全体火龙果团队及科技小院团队的精诚合作，现在已经形成了金穗火龙果优质高产绿色生产技术体系（图3-1）。张福锁院士、李晓林教授、左元梅教授及团队其他老师多次亲临一线指导火龙果种植技术，并邀请国内知名专家为火龙果绿色种植建言献策。目前金穗火龙果种植模式已在广西乃至全国都具有较大的影响力。

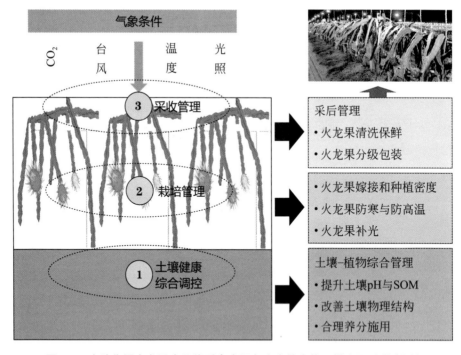

图 3-1　金穗集团火龙果产业优质高产绿色生产技术体系模式图（附彩图）

金穗火龙果产业技术体系涉及开发阶段、种植管理阶段、采收处理阶段等。每个环节对生产优质的火龙果都至关重要，科技小院团队很荣幸参与并见证了这一重要的历史时刻。火龙果种植、火龙果采摘、火龙果音乐节、火龙果深加工、万亩火龙果灯光秀等各个板块相互融合，形成富有地域特色和科技特色的金穗火龙果产业。

一、火龙果生长特性

了解火龙果生长特性是进行火龙果生产种植的基础，研究生王金乔在管理员周玉和的帮助下进行了长达24个月的跟踪，摸清了火龙果的生长发育规律（图3-2、图3-3）。火龙果植株为多年生肉质植物，茎蔓呈三角柱，植株长成后茎径可达12～18cm。茎节需攀缘生长，可攀附在墙壁、水泥柱、竹竿等上，每段茎节凹陷处各生有短刺2～4枝。火龙果为浅根系作物，主要分布在0～20cm土层中，大量集中在0～10cm土层。火龙果在温度适宜时自茎节下着生花苞，花芽分化至开花一般需14～20天。花白色，很少红色，夜间开放，为子房下位花。花长约33cm，管状，带绿色有时淡紫色外翻的裂片；具长1～8cm的鳞片；花瓣宽阔，纯白色，直立，倒披针形，全缘，先端有尖突；雄蕊多而细长，与花柱等长或较短，有700～960条。花药乳黄色，花丝白色，子房长2.5～5.0cm，有顶端急尖的鳞片数枚，无刺；花柱粗，乳黄色，具单一或分枝的裂片；雌蕊柱头裂片多达24枚，细长，全缘，乳白色。广西地区5～11月为开花结果期，一年可开花12～13批次，若管理得好可开花15次。火龙果定植后第二年即可结果，或前期管理得当可实现当年种当年结果；第三年即进入丰果期，植株寿命长，产量随树龄增长而增加。火龙果平均单果重450g，果实椭圆形，色泽艳丽夺目，果肉雪白或血红，甜而不腻，清淡中有一点芬芳。金穗集团种植的红龙果甜度为18～23°Brix。

图 3-2 李晓林教授（右）指导研究生
王金乔（左）观察火龙果生长特性

图 3-3 研究生王金乔测定火龙果
生长速率

二、火龙果种植阶段关键技术

1.火龙果园土壤-植株综合管理技术

火龙果根系好气，耐旱不耐涝，根系分布较浅，一般将火龙果种植在垄上，不能将其种植在垄下，以免雨水多时排水不及时导致根部腐烂。科技小院研究生把香蕉产业上集成的技术改进后应用到火龙果的生产管理中，通过土壤健康综合调控技术可以有效地改善土壤的物理特性、化学特性和生物学特性，为火龙果生长创造良好的土壤环境条件。火龙果土壤健康综合调控技术主要包括起垄种植技术、半基质覆盖技术、基肥调酸改土技术（图3-4）。

（1）起垄种植技术

前茬作物收获后把植株残体清理出田间，采用机器翻耕，等前茬作物根系充分腐烂后，开始起垄。用大型机械进行起垄，设定行距大约为

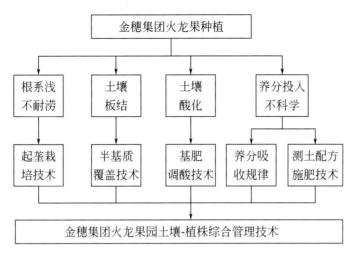

图 3-4　金穗集团火龙果土壤 - 植物综合管理技术

2.5m。起垄时要结合地形情况，针对坡地，起垄的方向应与坡向垂直，防止水土流失。若是地块地理位置较好，不会出现排水不良的情况，可以选择不起垄开行。垄宽1.2m，垄两边缓坡至垄沟各占10cm。起垄种植技术可以有效地增加土壤的通透性，促进火龙果根系的生长发育，抗逆性增强。

（2）半基质覆盖技术

半基质肥，其性状介于基质与有机肥之间。它是以树皮为主要原料，配合营养载体和功能性菌种，经过特殊的半发酵工艺制成。其成品有机质含量高达85%～95%，总养分含量为1%～2%。在栽植火龙果后于根部附近覆盖一层5cm左右的"冒咪"（mulch，覆盖物）。

科技小院研究生王金乔跟踪发现，半基质覆盖技术可以有效地改变土壤结构和养分含量，增加土壤有益动物的数量。在改善土壤物理结构方面：覆盖半基质肥一年之后，与未覆盖的裸地土壤相比，土壤湿度提升83%，抗旱能力显著增强；土壤容重下降38%，土质更加疏松透气；而且通过有机质还田，有效地改良了土壤酸性，使土壤pH值提高了1.4个单位。同时覆盖半基质肥的土壤有机质含量高达8.1%。覆盖半基质土壤的生态环境更加稳定，促进了火龙果生根，增加了根系周围蚯蚓的数量。

（3）基肥调酸技术

这项技术与香蕉种植技术类似，在种植火龙果前施用有机肥。主要目的有两个，一是调节土壤pH，增加土壤有机质含量；二是为火龙果根系生长提供良好的根际环境，有助于火龙果早发根，加快火龙果生长速率，以达到提前上市的目的。

（4）火龙果养分吸收特性

研究生王金乔通过24个月的跟踪观察和营养元素测定，掌握了火龙果养分吸收特性。根据火龙果的生长发育规律及养分累积规律，将火龙果分为营养生长期、初花期、盛花盛果期和果实采收末期。每个时期对养分的吸收比例不同，营养生长期：氮钾比为（1～2）：1，初花期：氮钾比为1：（2～3），盛花盛果期：氮钾比为1：（2.5～3），果实采收末期：氮钾比为1：（12～3）。定植后一年的火龙果处于幼龄树期，主要以氮肥和磷肥为主；第二年果树开始挂果，在前期的营养生长期采用高氮高磷配方。火龙果在开花后对磷的需求量很大，需要增加磷肥投入，同时补足钾

图3-5 张福锁教授（左一）介绍火龙果土壤健康培育技术（附彩图）

图3-6 张福锁教授（右二）召集国内土壤学专家讨论金穗集团火龙果园土壤健康

肥以保证氮磷钾能同时供给。

（5）测土配方施肥技术

火龙果测土配方施肥技术是在火龙种植前或收获后进行土壤采集测定土壤养分含量。按照火龙果需肥量配制肥料，采用有机肥与无机肥相结合的方法，增施优质有机肥，减少纯化学肥料的施用量，同时合理施用有机活化营养套餐肥料，实现了养分平衡，增加了土壤有机质含量，同时增加了土壤的透水和透气性，进一步提高土壤质量，避免了土壤板结的发生。

2.火龙果嫁接技术和种植密度

（1）火龙果嫁接技术

火龙果为多年生肉质攀缘性植物，枝蔓呈三角柱状，叶片退化成刺座，肉质茎代替叶片进行光合作用。目前，火龙果的繁殖主要通过实生、扦插、组培、嫁接等方式，其中火龙果实生播种能获得大量实生苗，但后代性状分离较为严重，且生长期较长。因此，实生繁殖主要用于新品种的选育。生产中应用更多的是扦插繁殖，该方式能够快速生产大量的优良无性系苗木，是比较成功的经验，可以解决火龙果规模化发展过程中苗木的繁育问题，但对于比较稀缺的品种，本身枝条较少通过扦插育苗较难快速拓展植株数量，同时火龙果具有较长的生长发育周期，因此为提升整体的繁殖效率及抗逆性，缩短生长时间，同时使果树提前开花结果，嫁接处理必不可少。

嫁接是在不同植株或同一植株的某个部位进行相互衔接，保证果苗可以实现正常发育，从而使得植株形成完整的繁殖方式。嫁接时间一般选择在每年的3～4月份。对于嫁接技术而言，砧木被称之为母体，接穗称之为幼枝。从饱满健壮的非木质茎节处剪断，采用扦插的方式将其放置在土壤中，待成活之后可以作为砧木，接穗选择当年生长发育较好的火龙果枝条。在嫁接时，需要采用专业消毒工具进行消毒处理，嫁接时气温不宜过低，目前金穗集团常用的技术手段为靠接，把接穗一端的棱角进行削平处理，将砧木一端的棱角进行消除，保持两者相互适应，将砧穗切面相互摩擦产生黏液，在此基础上将接穗与砧木紧密结合，并以胶带进行固定。

（2）火龙种植密度探索

种植密度直接决定火龙果的长势、管理和收益。在2014年之前广西火龙果只有零星种植，且主要以白肉火龙果为主。红肉火龙果与白肉火龙果在管理上有差别，因此不能完全照搬白肉火龙果的种植模式。种植密度是金穗集团火龙果产业需要重点突破的关键技术。火龙果种植密度过低影响产量和收益，降低土地利用效率；种植过密会影响火龙果的管理，同时不利于提高大果率，收益同样也不高。

科技小院研究生王金乔和王少群针对火龙果种植密度进行跟踪和试验。2014年金穗集团初次尝试种植火龙果密度为240株/亩（1200株/ha），但是由于种植密度太低，亩产很难突破1500kg/亩（22.5t/ha）。2016年再次扩种火龙果时，种植密度为500～600株/亩（7500～9000株/ha）；2017年火龙果再次扩种，种植密度为700～800株/亩（10500～12000株/ha）。但是以上所有种植密度下火龙果的产量很难达到理想状态。经过多次试验和讨论论证，金穗集团火龙果的种植密度在1300株/亩（19500株/ha），合理的密度加上良好的土壤条件和管理措施，基本上能实现当年种当年收的目标。

三、火龙果栽培管理关键技术

良好的栽培管理技术能提高火龙果的产量和品质，提升经济效益。除了做好施肥管理工作，防止低温、高温等不利的气候条件对火龙果生产的影响同样重要。科技小院研究生王金乔、王少群和潘畅联合基地的管理人员开展了系列研究工作，集成了火龙果栽培管理关键技术，有效地缓解了不利气候条件对火龙果的影响（图3-7）。火龙果栽培管理关键技术主要包括：火龙果防寒技术、火龙果夏季防高温技术和火龙果补光技术。

图3-7　中国农技协理事长柯炳生（左前二）、广西科协党组书记纳翔（左前一）
倾听研究生（右一）汇报火龙果种植技术（附彩图）

1.火龙果防寒技术

火龙果一般在8℃以下就会产生冷害，湿冷天气会加重冷害的发生，霜冻对火龙果有直接的危害，要避免霜水直接接触到火龙果枝条，因此采取一定的防寒措施保护火龙果安全越冬。① 修建防寒棚：在清完园后修建防寒棚，以减少有效辐射和植株散热，缓和温度下降造成的影响，待开春气温回升稳定后撤除。② 秋后增施有机肥和钾肥：植株体内养分累积多，对增强抗寒能力有一定的作用。秋后增施有机肥提高土壤温度和植株抗寒能力。使用防寒技术后，火龙果枝条没有明显的冻伤，枝条饱满健康，生长点长势良好，有利于第二年的开花挂果。

2.火龙果夏季防高温技术

夏秋两季为火龙果的花芽分化期与果实生长期，对水分要求很高。火龙果适宜生长的温度为25～35℃，但5～10月份气温多在35℃以上，高温、暴雨、强光，加上蒸发量大、灌溉不及时等多种问题。火龙果在温度低于10℃和高于38℃就会进入休眠状态，以抵抗不良环境。开花后持续高温天气使火龙果授粉出现问题，导致火龙果坐果率大大降低，影响火龙果的效益。目前金穗集团火龙果主要采用物理降温的方法来缓解高温对火龙果的伤害，主要有：地面覆盖技术、微喷降温技术和覆盖遮阳网（图3-8）。

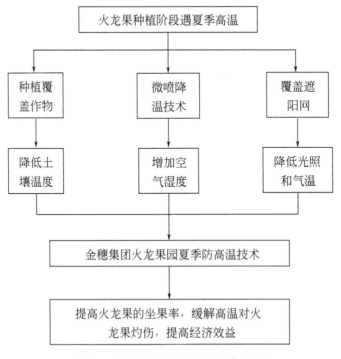

图 3-8　金穗集团火龙果夏季防高温技术

（1）地面覆盖技术

地面覆盖可以有效地降低土壤的温度。地面覆盖后可改变热量传导路径及对太阳长波辐射的吸收。地面覆盖可有效阻止太阳直接辐射，同时减少了土壤热量散失。因此，采用农田地面覆盖技术使土壤温度变化幅度降低，能够有效缓解温度剧烈变化对作物生长的伤害。金穗集团火龙果产业采用覆盖半发酵的桉树皮，并在制作过程中添加了功能性有机物，后期能够有效预防根螨和线虫。施用厚度建议5～6cm，可以有效地降低土壤温度。

种植覆盖作物也可以降低土壤温度，改善火龙果园生态小气候。研究生们通过前期的试验发现，火龙果园种植白三叶和小马齿苋效果较好。通过种植覆盖作物能降温保湿。夏季，在火龙果园种植覆盖作物能够避免高温，降低地温，缩小昼夜温差，稳定火龙果根层土壤温度。同时，覆盖作物还能促进雨水渗入土壤，减少地面径流，抑制地表水分蒸发。在冬季，覆盖作物能够提高土壤温度，改善火龙果根系生长的温度和湿度条件，促进火龙果地上部生长发育，有助于增产增收。

火龙果园覆草后地表裸露面减少，减轻了雨水对地表的直接冲刷，加上有机质含量的提高，十分有利于良好土壤结构的形成，并能够保水抗旱。在覆盖作物腐烂分解后，增加了土壤有机质含量，改善了土壤结构，促进果实生长和增产增收。同时，种植覆盖作物还能抑制杂草生长。

（2）微喷降温技术

微喷是利用折射式、旋转式或辐射式微型喷头将水喷洒到火龙果枝条生长区域。微喷的工作压力低，流量小，既可以增加土壤水分，又能提高空气湿度，起到调节局部小气候的效果。另外，还可以借助部分微喷头的超强雾化功能，直接喷入强雾使之迅速蒸发，从而吸收热量，达到降温目的。

火龙果微喷系统采用双排雾化喷头，雾化喷头间距5.5m，流量为1t/

（h·ha），工作压力1.5～2MPa，射程为3m，每亩地25个，当温度高于35℃时自动喷水降温。采用微喷措施降温具有以下好处，一是可以提高空气湿度，有利于提高火龙果的光合速率；二是可以在一定程度上降低空气温度，缓解高温对火龙果生长的影响。研究生们在长期的跟踪观察中发现，微喷技术结合半基质覆盖效果最佳。微喷系统工作时可以使半基质表面温度的降幅较大，一般可以降低5～7℃，火龙果枝条上方的温度可以降低4～5℃，停止喷水后半基质表面的降温效果持续时间较长，停水后40min还可以降温6℃，而火龙果上方空气温度在停水40min后仅能降温2℃。

（3）覆盖遮阳网

遮阳网覆盖栽培技术具有降低光照强度和温度、减少地面辐射与水分蒸发及增加湿度的效应（图3-9）。不同颜色的遮阳网降低太阳辐射的效果不同，黑色遮阳网通过遮光而降温，在达到有限降温的同时，使棚内失去了很大一部分光合作用所需的阳光，这会影响火龙果的正常生长。金穗集团火龙果园通过在火龙果架上方搭建小拱棚并铺盖遮阳网，起到一定

图3-9　金穗集团火龙果园覆盖遮阳网

的降温效果。采用平铺或者拱棚覆盖的模式，选择遮光率较低的遮阳网。夏季覆盖遮阳网可降低火龙果枝条表面温度1～3℃，提高夏季果大果率10%～20%，每公顷火龙果经济效益提高7000～10000元。

3. 火龙果补光技术

火龙果的上市时间呈规律性，由于受气候温度的限制，造成产量不稳定且上市时间集中。广西地区火龙果的采收时期为6月至翌年1月，7～10月为果实采收中期，果实多而小，同时由于多种水果的上市竞争，造成火龙果价格偏低；12月至翌年1月成熟采收的果实因其产量低，供应量少，果实又大又甜，价格昂贵，很有市场吸引力，即火龙果的价格随季节变化很大。火龙果为长日照植物，对光照要求很高，当光照达到一定光周期时才能开花结果，而广西地区进入秋分后以及春分之前昼短夜长，即使温度适宜、营养丰富，但光照不能满足火龙果植株进行花芽分化，因而自然条件下冬季基本上不会进行花芽分化，从而导致11月底果实采收基本结束。

在冬季补光可以有效地延长光照时间，能促进火龙果提前进行花芽分化，延长火龙果的采收时间，弥补冬季和早春火龙果产量较低的缺点（图3-10）。同时这两个季节火龙果的价格高，经济效益好，越来越多的火龙果种植者选在冬季和早春进行火龙果补光。

图3-10　金穗集团火龙果园补光（附彩图）

补光时间和光源颜色影响火龙果的花芽分化。广西隆安火龙果科技小院团队与基地管理人员经过不断的摸索尝试，探索了一套适合金穗集团火龙果产业的补光技术（图3-11）。以LED灯（15W）作为补光光源，开灯时间为冬季9月15日至11月30日，春季2月10日至5月1日，每天18:00～24:00，连续补光6h，按日常栽培方法管理。补光灯安装在距离火龙果植株顶端50～65cm的位置，每亩185个灯泡，灯具等距离分布，间距1.5m，配户外防雨灯和数控开关，统一控制。每年于冬季10月中旬开始长出冬季补光花苞，共留两批次，春季4月中旬大批量长出补光花苞，于5月底采收。采用补光技术使每年多开2～3批花，大果率（单果重＞400g）达90%，果实采收从11月延长至翌年的1月到2月，提高经济效益5000～10000元/亩。

图 3-11　张福锁教授查看火龙果补光效果（附彩图）

四、火龙果采收处理阶段关键技术

金穗集团所种植的红肉火龙果生长期为30～40天，当果皮开始转红后7～10天，果顶盖口出现皱缩，表皮散发光泽即可以采收。在合理的时间采收对保障火龙果的品质和货架期至关重要。过早采收，内部营养还未完全转化，影响果实质量；过迟采收则果质变软，不利于运输和贮藏。科技小院研究生王金乔和王少群参与了火龙果采收处理技术的制定，火龙果采收技术主要包括保鲜、分级、预冷、打包和冷链运输五个方面（图3-12）。

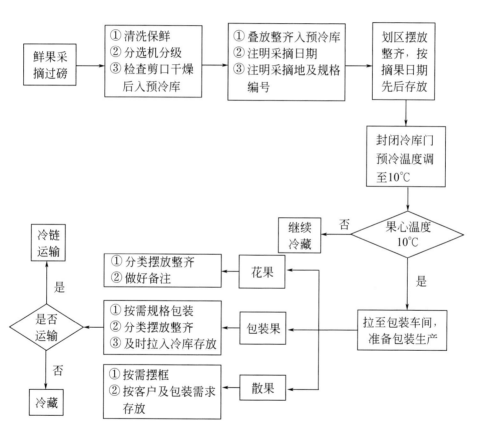

图 3-12　金穗集团火龙果采收流程标准

1. 保鲜

火龙果采收后运输到分选车间，鲜果过磅后立即倒入清洗池，清洗池一次可装800个果，平均每过2万斤果换一次药水，一天可处理25万斤果，火龙果分级前浸泡于保鲜剂中约10～20s。

2.分级

经清水池浸泡的果实，由每条分级线上的工人在分选机剔除病虫果、机械伤果、裂果等不合格果，并按果实大小等感官要求进行分级，如表3-1所示。分选机速度为300r/min，每小时分选15000个果。火龙果必须经过分级和检验，在果实无变质的条件下，叠放整齐，标明采摘日期、采摘地、规格编号，按摘果日期的先后顺序通过仓储叉车存放于预冷库。火龙果从进入分选车间再到预冷库整个时长约半小时。

表 3-1　金穗集团火龙果分级标准

分级	单果重	均匀度	果面及口感
一级果	> 500g	果实完整新鲜洁净，表皮鲜艳光滑，大小一致，整齐度＞90%，色泽均匀，无畸形果，成熟度适中	果面风味正常，无裂口，无腐烂及变质，无虫眼，无机械损伤
二级果	400～500g	果实完整新鲜洁净，表皮鲜艳光滑，大小基本一致，整齐度＞90%，色泽均匀，无畸形果，成熟度适中	果面风味正常，无裂口，无腐烂及变质，无虫眼，无机械损伤
三级果	300～400g	果实完整新鲜洁净，表皮鲜艳光滑，大小基本一致，整齐度＞90%，色泽均匀，无畸形果，成熟度适中	果面风味正常，无裂口，无腐烂及变质，无虫眼，无机械损伤
四级果	200～300g	果实完整新鲜洁净，表皮鲜艳光滑，大小基本一致，整齐度＞90%，色泽均匀，无畸形果，成熟度适中	果面风味正常，无裂口，无腐烂及变质，无虫眼，无机械损伤
五级果	< 200g	果实完整新鲜洁净，表皮鲜艳光滑，大小基本一致，整齐度＞90%，色泽均匀，无畸形果，成熟度适中	果面风味正常，无裂口，无腐烂及变质，无虫眼，无机械损伤
六级果	果实大小不一致，色泽不均匀，表面皱缩，畸形果		

3.预冷

火龙果经过分级后迅速预冷，预冷库湿度保持在90%～95%，待果心温度逐级预冷到10℃后才能进行打包等工作，在此期间大约需要12h。刚从地头采摘的火龙果温度较高，若不及时冷却，会加速果实成熟和衰老，影响贮藏，严重时还会造成腐烂，而未经过预冷的果实直接进入冷库，会加大制冷机组的热负荷，降低制冷机组的使用寿命。若要放入冷库贮藏，应置于温度较高的预冷库中，保存时间不宜超过两天，温度一般为10℃左右。

4.打包

待果心温度降至10℃左右时，拉至包装车间打包，同一包装箱内的果实品种一致，质量、大小均匀，包装中可见部分的火龙果应能代表包装内的全体。

① 要选择合适的包装材料。包装材料要轻便、结实、能承受一定的压力，便于搬运，无特殊不良气味，大小得当。现在比较普遍的包装箱为硬纸箱，在侧面打些小孔，既便于运输和贮存，也利于通风透气。

② 要有正确的包装方法。果实盛装前在包装容器内垫些珍珠棉切片，以避免果实与容器间的摩擦，还可起到防湿、防寒等作用。每个果实外面包上珍珠棉网套或轻便柔软的塑料制品，以减少果实在容器内滚动及病菌传染，同时还可以减少果实表面的水分蒸发，便于贮藏和运输。包装纸要质地柔软、无异味、干净。果实放入箱后尽量不留空隙。

5.冷藏

包装完成但不需要出库的果实立即转移到5℃的冷库。

6.冷链运输

各季节运输均采用冷藏运输，使用5～10℃冷藏车、冷藏船运输，冷藏车预冷至设定温度后，将预冷完毕的鲜果，或冷库贮藏的果实搬运至车上，注意轻搬轻卸，快搬快卸。

五、火龙果优质高产绿色生产技术体系集成与成效

火龙果优质高产绿色生产技术体系的集成，形成了一套金穗集团火龙果标准化技术规程（图3-13）。采用该项技术，新种植火龙果当年可以获得400～500kg/亩的产量，第二年火龙果产量达1500kg/亩，第三年之后火

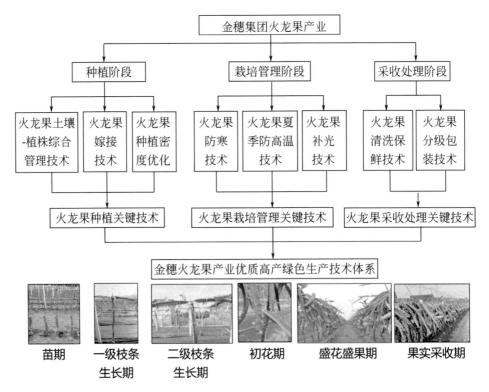

图 3-13　金穗集团火龙果产业优质高产绿色生产技术体系

龙果产量维持在3000～4000kg/亩。火龙果售价平均高出0.6～1.0元/kg，一级果率保持在50%～60%，比农户高10%～15%，累积增加经济收益2000多万元。

为了推广火龙果优质高产绿色生产技术模式，中国农技协、广西科协联合南宁市火龙果产业协会、隆安县金穗火龙果产业协会和隆安县火龙果科技小院对广西壮族自治区火龙果种植大户开展了大量的技术培训会，培训内容主要包括火龙果补光技术原理与应用、火龙果一年三茬栽培技术、火龙果土壤改良与有机肥施用技术、火龙果病虫害识别与防治、火龙果养分需求与滴灌施肥技术、火龙果采后生理与采后处理等，当地的火龙果专家和科技小院研究生作为主讲人，得到了广大火龙果种植户的欢迎（图3-14、图3-15）。目前，该项技术累计推广应用近8万亩，约占整个广西火龙果种植面积（2018年）的30%，带动火龙果农产品地理标识产业发展，逐步扭转越南火龙果占据中国市场90%份额的局面，推动广西火龙果产业的绿色发展。

图 3-14　中国农技协理事长柯炳生
　　　　 在培训会上致辞（附彩图）

图 3-15　培训会现场

第四章

科技小院助力金穗集团香蕉产业优质高产绿色生产技术体系构建

　　香蕉产业作为金穗集团种植板块中最重要的组成部分，优质高产绿色生产体系的建立是提高香蕉产量和品质的关键，对促进金穗香蕉产业绿色健康可持续发展具有重要的意义。金穗科技小院团队在张福锁教授、李晓林教授、卢义贞董事长和林子海总裁的总体布局和支持下，在黄林东经理等基地管理人员的协作下，从2012年开始先后有10多名博士生和硕士生针对香蕉生产中土壤酸化/酸性土壤、养分管理、土壤线虫、合理采收等各个环节开展研究工作，构建了金穗香蕉产业优质高产绿色生产技术体系，主要包含三项集成技术：土壤健康综合调控技术、养分综合管理技术和花果期管控技术（图4-1）。

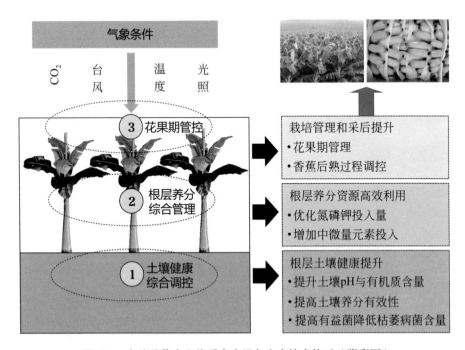

图4-1　金穗香蕉产业优质高产绿色生产技术体系（附彩图）

一、香蕉生长特性

香蕉是多年生草本植物，一年四季均可开花结果，香蕉的生育期一般为10～14个月不等，整个生长过程可大致分为幼苗期、营养生长期、花芽分化期、果实发育期和收获期。香蕉是三倍体植株，单性结实，生产上采用无性繁殖。根据香蕉代别可以分为一代蕉（又叫新植蕉）和宿根蕉（二代及以上），一代蕉株高为2.5～3.2m，宿根蕉株高为2.8～4.2m。

香蕉的营养器官可以分为根系、球茎、假茎、叶片、果实和吸芽。香蕉根系属须根系，无主根，由不定根和根毛组成。根系分为初生根、次级侧根和三级侧根。香蕉根系主要集中分布在球茎周围的表层土壤，在水平方向上，82%的根系分布在距离球茎60cm半径内0～20cm土层中；垂直方向上，64%的根系分布在0～20cm土层，17%的根系分布在20～40cm土层中。球茎是芽眼和吸芽着生的地方，同时也是养分储存中心。假茎的高度为2～5m，由叶鞘将气生茎包裹而成，起支撑叶和果实（花）的作用。香蕉假茎中无机元素（磷、钾、钙、镁和硫）含量丰富，香蕉采收后假茎的养分和水分通过再转移供吸芽生长。香蕉叶片宽大，新植蕉大约抽生44张叶（宿根蕉抽出22张大叶）后开始抽蕾，香蕉的花蕾由果轴、果梳及花组成，生产中一般会把蕉花抹掉。香蕉花序可以无限生长，生产上一般留7～9梳。因成熟季节、种植区域气候条件和管理等不同，香蕉从抽蕾到成熟需要90～170天。

二、土壤健康综合调控技术

健康的土壤是生产优质高产香蕉的基础，健康土壤能为香蕉生长提供充足的养分供应和生长环境。对于蕉园土壤的调控首先需要明确土壤的主要障碍因子，科技小院研究生在深入香蕉生产一线跟踪调研中发现土壤酸化/酸性土壤、连作障碍、香蕉根结线虫、香蕉土传病害等是限制金穗集团香蕉产业绿色发展的主要因子（图4-2和图4-3）。科技小院多名研究生分工合作，分析问题产生的原因，团队成员共同商讨解决方案，通过布置田间试验开展研究工作，形成土壤障碍因子消减的技术措施，最终形成技术规程应用到生产中（图4-4）。

图 4-2 研究生张涛（左）和余赟（右）采集土壤样品

图 4-3 研究生卢巧芳采土检测土壤线虫数量

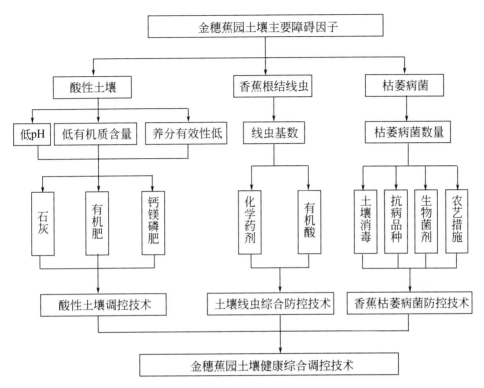

图 4-4　金穗蕉园土壤健康综合调控技术

1.土壤健康问题

（1）酸性土壤

金穗香蕉主要种植在高度风化的酸性土壤上，前茬作物以木薯、甘蔗等作物为主，这些作物的施肥管理比较粗放，施肥主要以化肥为主，有机肥施用量较少。且金穗集团香蕉种植采用起垄栽培的模式，表层土壤被翻压到下层，用于种植香蕉的土壤是"生土"。科技小院研究生余赟对金穗集团16个香蕉分场近2万亩的蕉园土壤进行测定之后发现，60%的蕉园土壤pH在4.5以下，土壤有机质的含量不足1%。香蕉种植在这样的土壤上很容易产生铝毒，影响香蕉的生长和产量。

（2）连作障碍

香蕉是一种多年生草本植物，一般会连续种植7年甚至更长时间。香蕉长期连作导致土壤理化性质和土壤微生物群落结构发生变化，影响香蕉对土壤养分的吸收，进而影响香蕉产量和品质。同时，连作障碍会影响土壤中根结线虫的发生。科技小院研究生卢巧芳对不同种植年限蕉园土壤和根系线虫调研结果显示，香蕉根结线虫随着种植年限的增加呈现加重再减轻的趋势，发病率一般为20%～30%，严重的达60%以上。香蕉根系受到根结线虫侵染后，受害根系须根减少，被根结线虫侵染的部位呈黑褐色，容易被土壤病原菌侵染，造成二次伤害（图4-5）。当侵染情况严重时根系表皮发生腐烂，严重影响香蕉根系对矿质元素和水分的吸收，最终导致香蕉产量以及品质的下降。

图4-5　根结线虫侵染香蕉后根系（左图）和地上部（右图）表现

（3）香蕉枯萎病菌

香蕉枯萎病菌是香蕉产业面临的最大的毁灭性土传病害，香蕉一旦被枯萎病菌侵染将会失去生产价值。香蕉枯萎病是由尖孢镰刀菌古巴专化型侵染引起的，是一种世界性分布的土传植物病原真菌，寄主范围广，腐生能力很强，可以在土壤中存活8～10年，甚至更长时间。科技小院研究生向赛男和徐祥馨跟踪发现，在香蕉生长前期，香蕉感染枯萎病后症状不明显；到了香蕉营养生长后期至花芽分化期开始显现出发病症状，发病初期下部叶片从靠近叶柄处边缘开始变黄，进而发展到整叶黄化，发病后期叶柄基部软折凋萎，相继下垂倒挂，假茎变褐（图4-6），影响水分和养分的运输，最后造成病株整株干枯死亡。有些香蕉病株会从假茎外围近地面的叶鞘处开裂，并向上扩展，裂口呈褐色干腐。

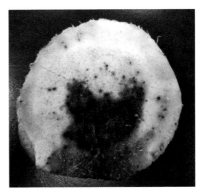

图 4-6　未感染枯萎病香蕉假茎纵切面（左图）和
感染枯萎病香蕉假茎纵切面（右图）

2.土壤健康调控技术

（1）酸性土壤调控技术

对于酸性土壤调控技术，科技小院团队两名研究生迟志广、张江周分别从化学调控和生物学调控的角度开展研究工作，形成了金穗集团蕉园酸性土壤调控最常见的两种方式。第一种，对于新开垦的蕉园，土壤酸性极强，需要在短时间内提升土壤pH，降低土壤铝毒对香蕉生长的影响。一般会全园撒施石灰（或石灰石、白云石、水镁石、牡蛎壳粉等）进行翻耕，在香蕉种植时再施用有机肥。或对于新开垦蕉园直接施用添加钙镁磷肥的有机肥，一方面能起到提高土壤pH的作用，另一方面可以补充土壤的钙镁等元素，同时也可以提高土壤有机碳含量。在新植蕉园对比石灰、钙镁磷肥、有机肥和有机肥配施钙镁磷肥对土壤改良效果（图4-7），土壤pH由3.8平均提升到6.4。施用改良剂后显著促进了香蕉的生长（图4-8和图4-9），未施用改良剂的土壤，香蕉产量为35t/ha；施用石灰、钙镁磷

图 4-7　田间盆栽试验探究酸性土壤改良措施

图 4-8　张福锁教授（右）展示改良效果（附彩图）

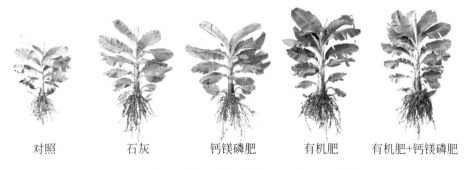

| 对照 | 石灰 | 钙镁磷肥 | 有机肥 | 有机肥+钙镁磷肥 |

图4-9　不同土壤改良剂对香蕉生长的影响（附彩图）

肥、有机肥和有机肥配施钙镁磷肥的土壤，香蕉的产量分别为45、48、57和61t/ha，且施用有机肥和有机肥配施钙镁磷肥香蕉的果实可溶性固形物含量接近20°Brix，平均比其他改良措施提高近3°Brix。第二种方式只施用有机肥，这种调控方式一般针对宿根蕉园，有机肥施用量是新植蕉园的1/2或2/3。对不同有机肥施用年限蕉园土壤测定发现，连续施用有机肥7年或以上，土壤pH维持在5.5～6.5，土壤有机质含量在3%左右，非常适宜香蕉生长。

有机肥提升酸性土壤pH的主要机理如下：① 蕉园所施用的有机肥本身土壤pH为7.5左右，偏碱性；② 有机肥施用土壤后在微生物作用下分解为非腐殖质和腐殖质。土壤腐殖质化学结构上含有呈碱性的酰胺基和氨基及呈酸性的羧基和酚羟基，羧基和酚羟基可以螯合酸性土壤中Al^{3+}，降低交换性铝的活性，有效地缓解铝毒。酰胺基和氨基可以中和土壤中的H^+，从而达到提高土壤pH缓冲的能力，使土壤pH维持在适宜香蕉生长的范围（图4-10）。

科技小院研究生张江周在对蕉园土壤改良效果评估过程中发现，改良物料的施用方法非常重要，直接关系蕉园土壤的改良效果。金穗蕉园采用局部调控措施，只对香蕉根系生长的区域进行改良。一般只会改良垄下土壤，垄上土壤会维持原来的状态。对于新垦蕉园，改良物料的施用量要充足，改良物料必须与垄下土壤充分混匀，为香蕉根系创造良好的生长环

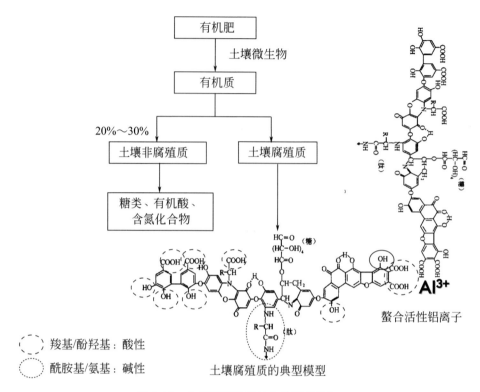

图 4-10　有机肥调控酸性土壤的可能机理

境。对于老蕉园，施用有机肥要贴近蕉头，且有机肥要与蕉头周围的土壤混合，为第二年春天香蕉新根的生长创造有利土壤环境。

（2）土壤线虫综合防控技术

在金穗集团香蕉种植基地，对于香蕉根结线虫的防控采用农业措施与化学防治相结合的方法。在组培苗培育基质中添加杀线虫药，在育苗阶段做好预防工作。对于新开垦蕉园，在开沟之后垄下施用有机肥和杀线虫药充分与土壤混合，然后定植香蕉。根据线虫发生规律，在线虫高发期尤其是春季施用一次线虫药。此外，每年会对所有蕉园进行线虫普查，对于根结线虫数量比较高的基地及时施用线虫药。同时，对于种植年限较短、根结线虫病害情况较严重的蕉园，春季施用一次线虫药之后，根据线虫普查情况，间隔3～4个月再次施用线虫药进行根结线虫的防治。科技小院研究生卢巧芳尝试施用功能型有机酸来防控蕉园土壤根结线虫，目前这种方法处于田间试验阶段，防控效果较好（图4-11）。通过田间中试之后就可以大面积开展应用。

图4-11　李晓林教授（左三）、左元梅教授（左二）和王冲教授（右二）查看土壤线虫防控效果时田间合影（附彩图）

（3）香蕉枯萎病综合防控技术

金穗集团蕉园对于香蕉枯萎病的防控采用物理、化学、生物学和农业措施相结合的防控措施。科技小院研究生徐祥馨对比了不同抗香蕉枯萎病品种的田间表现（图4-12），发现国内主推的几个品种都有较好的防控效果，制定了香蕉抗枯萎病综合防控技术操作要点。主要做法如下：对于新植蕉园，机械翻耕完土壤后采用石灰氮灌水覆膜消毒30天，种之前施用生物有机肥、钙镁磷肥等改良剂，定植时选择抗枯萎病品种，定植后每隔一个月灌一次拮抗菌液、海藻精、黄腐酸等有机液肥。对于老蕉园，主要通过增施有机肥、滴灌拮抗菌和注意田间防控消毒的措施。一旦发现感染黄叶病的植株，用醒目的绳子把病株在内的几株香蕉圈起来形成隔离带，任何人不能进行农事操作、不能扰动土壤并在土壤上撒上石灰，防止枯萎病进一步扩散。

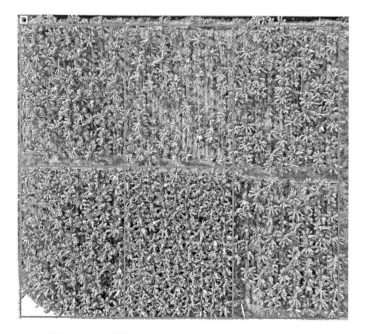

图 4-12　不同抗枯萎病香蕉品种田间表现（附彩图）

三、香蕉养分综合管理技术

健康土壤是香蕉健康生长的基础，养分管理是保障香蕉健康生长的关键环节。合理的养分管理不仅可以减少肥料投入提升肥料利用效率，也可以提高香蕉品质。最重要的是，可以通过养分管理调控香蕉的上市时间，最大化地提升香蕉收益。科技小院博士生李宝深和3名硕士生（张涛、方昭和张学娟）针对一代蕉和宿根蕉养分管理开展研究工作，明确了一代蕉和宿根蕉养分吸收特性，确定了不同时期香蕉最佳的养分需求量，结合香蕉叶片养分诊断技术、测土配方施肥技术、香蕉茎叶残体腐解技术，形成了香蕉养分综合管理技术（图4-13）。

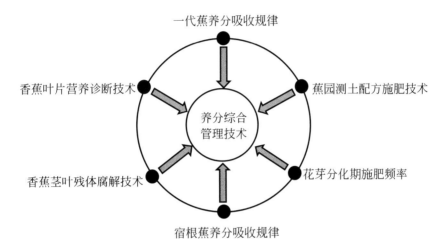

图 4-13　金穗蕉园养分综合管理技术

1.金穗蕉园养分管理的主要问题

（1）氮磷钾养分投入量大

科技小院研究生余赟对金穗集团历年的施肥数据进行整理发现，2007～2009年金穗香蕉氮（N）、磷（P_2O_5）、钾（K_2O）的平均施用量分别在1500kg/ha、1100kg/ha、3300kg/ha左右，2010～2011年N、P_2O_5、K_2O的投入量减少，分别为理论需求量的3.4倍、23.2倍和3.2倍（表4-1），过量使用磷肥造成了巨大的浪费。养分大量不合理的投入不仅导致肥料利用率低，养分平衡失调，影响香蕉的产量和品质，缩短香蕉货架期，而且还会污染地下水，给环境带来负效应。

表 4-1　2007 ~ 2011 年金穗集团香蕉园施肥情况

年份	无机肥料 /（kg/ha）			有机肥料 /（kg/ha）			总量 /（kg/ha）		
	N	P_2O_5	K_2O	N	P_2O_5	K_2O	N	P_2O_5	K_2O
2007	1467	651	3315	170	389	147	1637	1040	3462
2008	1259	585	3101	204	467	176	1463	1052	3277
2009	1374	638	3382	223	510	192	1596	1148	3575
2010	381	40	1530	195	926	390	576	967	1920
2011	375	176	1530	172	815	343	546	991	1874

（2）忽略中微量元素的重要性

对金穗集团香蕉施肥历史资料进一步分析发现，肥料施用种类以氮、磷、钾肥为主，忽视钙、镁、硼等中微量元素，而锌和硼肥的投入量几乎为零。科技小院研究生的研究结果显示，香蕉对钙、镁、锌等中微量元素的需求量大，钙和镁的需求量大于磷。香蕉缺钙使功能叶出现"锯齿状"残缺现象，催熟的果实出现果皮开裂；缺镁容易造成香蕉老叶黄化，叶鞘与假茎分离。在室内对香蕉果皮钙含量测定发现，正常的香蕉果皮钙含量显著高于裂果的香蕉果皮钙含量。

（3）肥料施用时期与施用频率有待优化

受栽培制度和气候条件的影响，一般广西秋蕉上市时间主要集中在9 ~ 11月份，通常香蕉在5月份左右开始进入花芽分化阶段。在此期间，广西隆安地区降雨充沛。按照香蕉耗水量计算，5 ~ 7月份的降雨量基本上可以满足香蕉花芽分化后对水分需求。但花芽分化期是香蕉养分需求量较大的时期，尤其是对一些中微量元素的吸收更加关键，因此这个时期对水肥管理要求更为严格。丰沛的降雨可以满足香蕉对水分的需求，但同时如果肥料施用不合理也会使养分淋失，造成养分的大量浪费。因此，合理的施肥时期和施用频率显得尤为重要。

2. 香蕉养分综合管理技术

香蕉的施肥方案主要取决于养分需求量、土壤养分供应量、秸秆残体养分释放量、宿根蕉养分回流量、大气和灌水养分输入量等。施肥方案的制定需要充分考虑多途径的养分来源，做到最大限度地提高养分利用率。

（1）香蕉养分吸收规律探索

明确香蕉养分吸收规律是合理施肥的关键。香蕉是多年生的大型草本植物，宿根繁殖、生物量大、矿物质累积量大。一代蕉与宿根蕉生长特性差异明显，宿根蕉的株高要高于一代蕉。一般而言，蕉园种植7年算作一个种植周期，宿根蕉所占比例较大。科技小院研究生先后对不同代别香蕉苗期、营养生长期、花芽分化期、幼果期、膨果期和收获期植株样品进行采集，共采集150株香蕉（图4-14），明确不同代别香蕉的养分吸收特性，为施肥方案的制定提供了关键的参数。

图 4-14　科技小院研究生们在采集香蕉植株样品

（2）蕉园土壤养分监测技术

在每年香蕉采收完，清园之后科技小院研究生会联合所有分场管理人员和承包户对金穗集团蕉园进行土壤普查，对香蕉生长的垄下土壤进行采集，主要测定速效氮、有效磷、速效钾、交换性钙、交换性镁、有效硼等指标。通过对各个指标的分析，结合蕉园土壤养分的丰缺指标，明确不同蕉园土壤肥力现状，为下一季香蕉养分管理提供重要的参考依据。

（3）香蕉茎叶残体腐解技术

香蕉生产过程只有果实和果轴会带出蕉园，其他的茎叶残体全部留在蕉园，这样连续种植几年会在蕉园积累大量的秸秆残体。香蕉采收后留下的假茎、叶片及球茎是宿根蕉园作物残体的主要来源。在金穗蕉园垄上是行走和堆放枯枝烂叶的，而垄下是香蕉种植区域和施肥区。香蕉茎叶残体堆积在垄上，随着种植年限的增加，茎叶残体的堆积量会越来越多。一般第一季的茎叶残体会在以后的几年内陆续分解，但腐解速度很慢。在香蕉完成一个生长季之后会在垄下施用有机肥，而垄上的土壤随着每年的埋肥、培土操作而被逐渐缩小，在完成第三季（年）的采收后垄沟基本被填平。一些腐解的茎叶残体也会随着培土这一农事操作而进入到香蕉种植区域。通过连续跟踪不同种植年限蕉园土壤茎叶残体的腐解速率，能有效做到精准施肥。如图4-15所示，科技小院研究生在研究香蕉茎秆残体腐解。

图 4-15　科技小院研究生张学娟研究香蕉茎秆残体腐解

（4）水肥一体化技术与灌溉频率研究

通过了解香蕉养分吸收规律、土壤养分供应情况及秸秆残体腐解情况，可以制定蕉园施肥方案。施用时期的掌握对香蕉养分管理尤其重要，花芽分化期是香蕉生长最关键的时期。而花芽分化期往往会处于广西的雨季，合理的施肥频率显得尤为重要。科技小院研究生对比了不同施肥频率对香蕉抽蕾率和产量的影响，结果显示，3天一次的滴灌频率可以有效地提前上市时间，且香蕉抽蕾集中，便于集中采收，产量并未受到影响。

（5）叶片营养诊断技术

叶片营养诊断是精准农业不可或缺的一项技术，通过叶片营养诊断能及时发现香蕉营养管理中的问题，对调整施肥方案具有重要的意义。科技小院研究生每年对香蕉开展两次叶片诊断，结合金穗集团各分场香蕉植株的长势，采集叶片测定养分含量，参考国际香蕉叶片浓度的标准（表4-2），从而指导金穗集团蕉园的施肥。一般在每年5月和8月香蕉生长的关键时期先后采集金穗集团所有分场香蕉叶片样品，叶片选择倒三叶，沿着叶片叶轴切开，装进自封袋后带回实验室烘干粉碎并进行测定，并将测定结果与香蕉叶片浓度标准进行对比，同时也会结合香蕉长势情况调整施肥方案。叶片普查在后续的水肥管理纠偏和弱苗追肥方案改进上发挥了重要的作用。

表 4-2　金穗集团香蕉叶片养分浓度参考标准

营养元素浓度	临界浓度[1]	变化范围[2]	商业标准[3]
N/%	2.6	2.5～3.0	2.4
P/%	0.2	0.1～0.2	0.15
K/%	3.0	3.0～4.0	3.0～3.5
Ca/%	0.5	0.80～1.25	0.45
Mg/%	0.3	0.25～1.0	0.20～0.22
Zn/（mg/kg）	18	25～50	15～18
Cu/（mg/kg）	9	5～20	5
Mn/（mg/kg）	25	100～500	60～70
Fe/（mg/kg）	80	50～200	60～70
B/（mg/kg）	11	15～60	—

[1] Lahav and Turner，1983.测试叶片为从上数第三片叶片养分含量。

[2] 南非农业科学院亚热带作物研究所。

[3] Stover and Simmonds，1987。

科技小院研究生李宝深在蕉园采用养分综合管理技术，逐年优化施肥方案，调整了蕉园大量元素的投入量和投入比例，增加了中微量元素的投入量。2015年在综合考虑土壤养分供给量、秸秆残体腐解释放的养分等，氮（N）、磷（P_2O_5）、钾（K_2O）、钙（CaO）、镁（MgO）投入量分别比2014年减少304kg/ha、323kg/ha、191kg/ha、280kg/ha和58kg/ha（图4-16）。采用养分综合管理技术试验区香蕉产量为44.4t/ha，显著高于对照区，净收益比对照区增加40%。

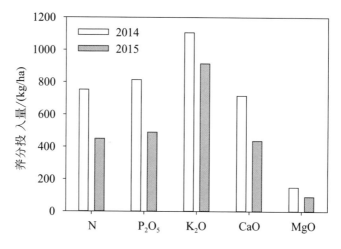

图4-16 金穗集团蕉园养分投入量对比（2014年2015年）

四、香蕉花果期管控技术

香蕉品质决定销售价格，香蕉分为内在品质和外观品质。从某种意义上讲，外观品质直接决定香蕉的市场销售。在业内常说的一句话就是"香蕉卖皮不卖肉"，足以见得外观品质的重要性。香蕉进入抽蕾期之后是整个管理过程中最为关键的阶段，这个阶段农事操作复杂繁多，需要的不仅是技术还要掌握操作方法。在香蕉抽蕾之后，抹花、留把、套袋、顶木等每个操作环节都影响香蕉的品质。金穗集团对香蕉花果期的管理尤为重视，卢义贞董事长经常深入田间亲自指挥香蕉花果期管理，科技小院研究生定期向公司高层领导汇报技术研究进展，并在这个时期开展大量的田间培训工作（图4-17）。

图4-17　卢义贞董事长（右一）在蕉园听取研究生工作汇报（附彩图）

科技小院研究生李宝深、刘林等针对香蕉的留梳数、抹花、套袋和采收的环节开展了一系列研究工作，形成了香蕉留梳技术、香蕉抹花技术、香蕉套袋技术和无伤化采收技术4项主要单项技术，集成了香蕉花果期管控技术（图4-18）。

1.香蕉抹花技术

香蕉果实的管理工作从抹花开始，抹花要注意抹花的时间和操作手法。抹花一般不会选择在下雨之后进行，这个时候蕉油量比较大，如果操作手法不熟练很容易把蕉油粘到果皮上。在采收时会看到一些黑色或褐色的印记就是蕉油留下的，蕉油中含有单宁等多酚类物质，一旦粘到香蕉或

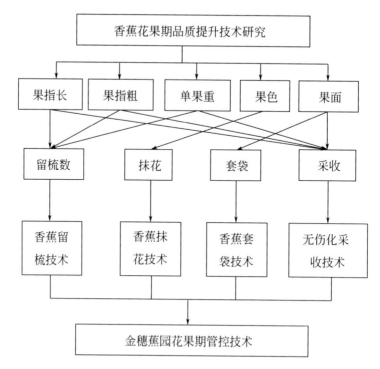

图 4-18　金穗蕉园香蕉花果期管控技术

衣服上是很难去除掉，所以抹花时一定要保持手指的干净度。抹完几把香蕉后要用卫生纸或毛巾擦干净手，这样才能保证果皮的干净。

2.香蕉留梳技术

抹完花后重要的田间操作是确定留把数。香蕉是无限花序，土壤条件合适，水肥供应充足，植株健壮，可以无限地抽蕾结出更多果实。在金穗集团蕉园为了保证香蕉品质，一般都会选择在第7～9把处将蕾苞断掉，这样香蕉植株中的养分便可充分供给剩余蕉果，以提高香蕉品质。如果留把数过多，会造成香蕉果指短等问题，且头把和尾把相差大。如果留把数过少，香蕉的产量低，不能够充分利用香蕉体中的养分。科技小院研究生刘林针对一代蕉和宿根蕉最佳留梳数研究结果显示，留8梳可以显著提高香蕉产量和商品率。但具体留梳数需要结合香蕉的长势情况，在金穗集团蕉园一般会遵循以下原则：在香蕉植株长势良好，管理得当的条件下，冬蕉植株留8把占有优势，单果重、果指长、果指粗符合标准，商品率高，拥有更好的市场价值。而对于长势稍差的香蕉建议留7把，从而保证香蕉的商品性。

3.香蕉套袋技术

套袋技术在香蕉护果过程中的应用极为普遍。香蕉销售价格的高低一定程度上取决于外观品质。套袋技术对改善香蕉外观品质有非常好的效果（如图4-19所示）。套袋可以促进果皮花青素的显色背景，有利于果实着色，使其色泽鲜艳、美观；套袋可以防止病虫侵染，减少病虫危害，也可以减少风雨、机械损伤，烂果少，利于贮藏运输；还可使香蕉保持较好的把形，提高外观品质；同时确保果实接触农药量少、残留少、果面污染少。研究生王斌对比了不同套袋方式对香蕉外观品质的影响，结果显示，蓝色薄膜袋加套纸袋可以显著提高香蕉果皮亮度。在果皮质构方面，加套纸袋后香蕉果实生长微环境，如温度、湿度相对稳定，使得果皮细胞排列

图 4-19　香蕉套袋技术

稳定紧密，减缓了香蕉果皮细胞、角质层以及细胞壁纤维的老化。为了防止香蕉催熟后裂果，生产中要求承包户在套袋之前必须喷施0.2%的钙制剂，保证果皮中钙的浓度。

在生产中香蕉套袋要充分考虑天气、种植密度等因素。如果光照强烈，最好选择对叶绿素抑制效果更好的蓝色薄膜袋；如果长时间处于阴雨天气，则可以选择白色薄膜袋等透光性较好的材质。同时在种植过程中提前一定时间扯掉纸袋，增加采收之前果实的光照。如果种植密度较大，蕉园透光性较差，可以仅对蕉园中边行香蕉加套纸袋；如果蕉园密度小，比如缺苗严重的老蕉园，就需要对所有香蕉进行套袋遮光。

4.无伤化采收技术

采收是香蕉管理中的一个重要环节，如果采收过程中出现碰撞损伤会影响香蕉后期的储存和销售。因此，采收时保持蕉果良好的品相，直接关系到香蕉的出售价格。采收的关键是防止蕉果机械损伤，相比于以往人工采收，索道采收能很大程度地避免蕉果擦伤，提高蕉果出售价格。

金穗集团生产技术部和销售部设计了无伤化采收索道，科技小院研究生李宝深全程参与了索道的设计和实施工作，整个索道设计包括轨道支架、滑轮组、采割和清洗装置等（图4-20、图4-21）。这套香蕉无伤采收运送装置组装简便，可实现香蕉从采收、运送到包装点的全程机械操作，避免了以往人工挑蕉产生蕉果擦伤等问题，节省了劳动力，可保证香蕉在采收过程中平稳运送，避免香蕉互相碰撞、上下颠簸以及地面堆积造成的损伤，方便整串香蕉从固定器上固定及装卸，并可以根据香蕉品种调节固定器环的大小，还可以根据场地的变动进行拆装调整滑轮轨道的长度和位置，有效地提高香蕉采收效率。香蕉无伤化采收装置获得了国家发明专利：一种香蕉无伤化运送采割清洗系统（ZL 2013 1 0598658.2）和一种香蕉无伤运送装置（ZL 2013 1 0594036.2）。

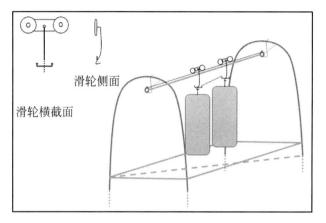

图 4-20　金穗集团蕉园无伤化采收索道构型图（上）与实物图（下）

图 4-21　金穗集团董事长（左一）查看索道采收情况

五、香蕉防寒和防台风技术

1.香蕉防寒技术

在广西种植香蕉，最担心的是每年12月到次年1月份的低温。金穗集团香蕉种植遭受过几次低温的侵袭，如2008年冬季极寒天气、2013年冬季连续霜冻和2016年1月底强冷空气的影响。受极端温度的影响，香蕉生长和产量受到巨大的影响，累计造成经济损失近亿元。

对于不同生育期的香蕉提出防寒措施。一代秋植香蕉结合天气预报做好防护措施，覆盖地膜＋天膜改善香蕉局部生长小气候，提升膜内温度，保证香蕉的生长。在覆膜之前可以喷施防寒剂，如甜菜碱、壳聚糖等。对于宿根蕉，要结合历年天气变化情况，采取喷施防寒剂、全园覆盖地膜、截茎等措施。如冬季气温过低，则要调整香蕉的定植时间和留芽时间，使香蕉生长避开低温的影响。对于已经挂果的香蕉可以通过喷施防寒剂和套袋措施提高袋内温度，避免香蕉果实受寒。除此之外，在每年12月至翌年1月份增施有机肥和磷钾肥，加强田间水肥管理，培育健壮植株，增强香蕉抵御低温的能力。

2.香蕉防台风技术

广西虽不像海南和广东频繁受到台风影响，但每年也会遭遇5～10次瞬时风力达6级以上的强对流天气或热带气旋影响。台风对香蕉造成的影响不仅在于可以直接折断香蕉造成毁灭性减产，其带来的强降水也会对香蕉球茎进行冲刷，在培土不到位的情况下很容易发生整株倒伏。除此之外，台风扯碎香蕉叶片所形成的伤口为高温高湿条件下叶斑病和黑星病的快速蔓延埋下隐患，这也是台风过后往往伴随香蕉大面积病虫害暴发的原因之一；暴雨造成花果期管护工作被动和水肥管理被动在一定程度上也增加了香蕉实现优质高产高效的难度。

在香蕉果实发育期对香蕉采取绑绳和立防风柱措施，绳的上端绑在倒数第三叶和倒数第四叶之间，一代蕉（单绳）绳的下端方向是香蕉植株倾斜的反直线方向；二代蕉以上（双绳）绑蕉绳的下端方向则是香蕉植株倾斜的反三角形方向。立防风柱防风，紧贴植株假茎垂直立桩，植株假茎距地面1/3或2/3高度处，分别用绳把竹（或木桩）与香蕉假茎牢固捆绑在一起。

六、科技小院助力金穗老挝香蕉产业绿色发展

在国家大力倡导"一带一路"发展战略背景下，2014年金穗集团走出国门，在"一带一路"沿线国家老挝成立"老挝金穗农业有限公司"（以下简称老挝金穗），开始在境外探索香蕉种植，实现全年供应香蕉的目标。2015年5月金穗科技小院研究生刘志强入驻老挝金穗香蕉种植基地，标志着第一个国际科技小院——老挝科技小院正式成立（图4-22）。

在国内集成的香蕉绿色生产技术体系应用到老挝香蕉种植中存在"水土不服"的情况，科技小院研究生刘志强与老挝金穗的领导和员工一起参与基地开发阶段的香蕉种植方案研究与设计，生产管理过程中技术集成与创新、技术传播方式探索以及企业文化建设等，为企业在"一带一路"的发展中贡献力量，带动老挝经济发展，实现企业增收和发展。

图 4-22　老挝金穗农业有限公司中高层领导

1.优化香蕉种植技术

（1）优化种植密度

老挝香蕉起垄栽培与国内类似，但是在定植过程中，需要重点考虑定植时间和定植密度的问题，定植时间决定上市时间，定植密度决定单位面积的产投比。刘志强与老挝金穗同事通过走访调研和试验结果的综合比较得出，老挝北部地区行距在2.4～2.6m之间，株距控制在1.95～2.00m左右（相当于每亩种植140～145株，种植密度高于国内）的情况下蕉园光照条件较好，单位面积经济收益具备一定优势。

（2）旱季覆膜，雨季排水

气候因素是影响种植管理的主要因素，老挝的气候呈现季节性干湿交替变化，分为旱季和雨季。旱季定植需要提前做好覆膜保墒工作，雨季定植需要提前做好排水工程。此外，由于雨季期间杂草生长过于旺盛，需要在低洼、平地等区域做好覆膜控草工作。

（3）水肥管理

香蕉种植管理过程中离不开水肥供给，卢义贞董事长在介绍他成功的秘诀时说到"做农业，有收无收在于水，收多收少在于肥，水是农业的命脉"，水对于香蕉的生长来说意义非凡。老挝金穗基地引进了以色列一流的水肥一体化设备，但是在实际使用过程中并没有发挥其应有的作用，蕉园长势不均匀的现象非常普遍，而国内基地很少出现类似的情况。刘志强经过近1个月的观察发现，问题出在水肥管理制度上。在单次供水量一定的情况下，由于香蕉白天的蒸腾作用较大且山顶土壤保水性差，所以灌溉时间靠前的山顶区域经常出现叶片萎蔫的缺水现象；而夜间的蒸腾作用小且低洼区域土壤湿度较大，所以灌溉时间靠后的低洼区域经常出现植株矮小、叶片黄化的缺水现象。了解原因之后，他与金穗老挝管理人员调整轮灌组的设计，根据地块的分布信息重新调整轮灌组，将原方案每天连续2小时供水方式调整为每天1小时/次的分段供水，极大地改善了水对香蕉生长的影响，在一定程度上缓解了因地形地势差异造成的植株生长不均。同时在雨季调整施肥方案，水肥与撒施干肥相互结合，保障香蕉的养分供应。

2. 创新技术传播新模式

老挝是一个传统的农业国，农业在国民经济中占主导地位，2014年老挝的国内生产总值增长率为7.5%，人均国内生产总值达到1708美元，其中农业生产总值占比超过三分之一。但是稀缺的科研资源和落后的教育理念使得老挝的农业发展水平很低，水稻作为主要的粮食作物，其单产水平仅排在世界第48位。从事农业生产的劳动者多为文化程度较低的普通群众,"刀耕火种"的农业管理思想通过世代传承早已在农民的心中根深蒂固,闭塞的信息交流渠道和错误的科学管理观念严重限制着老挝农业科学技术的创新与发展。

香蕉产业作为老挝国际合作中的新兴行业,其生产技术全部依赖于境外投资企业的技术输入,老挝金穗的承包户主要以老挝当地人为主,技术的传播必须通过"技术员+翻译"共同完成。然而在缺乏有效的技术传播途径情况下,巨大的民族习俗和文化素养差异进一步扩大了技术传播过程中衰变速率,甚至一个基本概念都会导致技术无法正常传播。例如老挝金穗的翻译阿亮,在中国求学多年,中文的翻译和写作能力非常好,但是对于香蕉的生长特性一无所知,在一次对农户的课堂培训中,由于不理解香蕉"孕蕾"的含义,不知如何进行翻译。通过耐心解释之后,勉强地完成了本次培训,在会后的交流中刘志强得知,老挝词语里面根本没有近似的描述,他只好翻译成"怀孕",难怪在培训过程中每次提到"孕蕾"下面就会哄堂大笑。因此,消除技术传播过程中语言文化障碍,提升技术传播的效率,从而达到改善农户科技水平、提升企业生产力水平成为老挝金穗在企业发展过程中亟待解决的问题。

刘志强结合老挝金穗承包户的特殊情况优化了培训方式。**培训模式常态化**:集中且间断式的培训方式很难让培训对象长时间的对新技术保持高质量的操作水平,时间越久操作技能的变异性越大。阶段性常态化的培训模式,更有利于让培训对象对专业技能形成固定模式,并且经过系统培训之后,操作的效率会随着操作频率的增加而愈发高效。**培训内容极简化**:每次的培训时间控制在40分钟以内,培训内容的表达方式要简单易懂,最好结合当地的特有实物进行比拟。**现场操作标准化**:田间实操培训环节要求每个动作要规范,每个环节都需要先讲解再操作,等整个流程完成后再进行重复操作,避免每个操作环节进行重复,保证培训对象对操作流程的完整性记忆。**过程监督定向化**:任务的执行过程中,监督要有针对性,把培训精力更多地放在接受能力差、学习积极性低的培训对象上。需要注意的是，现场示范要比单纯的语言讲解效果好很多。**示范效果扩大化**：针对学习效果突出、专业技能水平符合要求的培训对象，要在每项任务结束后进行表扬，并在下次该项任务开始培训前进行必要的物质鼓励，为现场的培训对象树立典范，善于营造主动学习的氛围。通过这种培训方式（图4-23、图4-24）有效地解决企业在国际化发展过程中面临的技术传播障碍问题，对于国际合作背景下技术传播模式的探索提供了成功案例。例如，老挝金穗一分场经过培训的22户承包户在专业技能水平上进步明显，产量和经济效益得到大幅提升，其中单位面积产量增加了13.1%，综合经济效益增加了1.22万元/公顷。

香蕉种植技术的优化和技术传播模式的创新保障了老挝金穗香蕉的生产，目前老挝金穗的香蕉已经可以实现周年供应，香蕉种植面积由2014年的1000多亩拓展到2020年的3.2万亩，实现了国内与国外香蕉的优势互补，带动了老挝经济发展和当地农民增收，提升了金穗集团的国际影响力。

图4-23　老挝承包户培训现场

图 4-24　通过培训可以高标准完成套袋工作

七、香蕉优质高产绿色生产技术体系集成与成效

　　香蕉优质高产绿色生产技术体系的应用推动了金穗集团香蕉产业的绿色发展，并成功地应用到国内和老挝香蕉生产中。采用绿色生产技术体系，金穗集团香蕉产量平均提升15%，化肥用量比2012年降低40%以上，农药用量节省30%以上，累计节约投入成本近2000万。金穗集团生产的香蕉符合中国绿色食品A级标准，售价平均高于市价0.2元/kg，累计增加收益6200多万元。同时依托广西香蕉产业协会和中国-东盟香蕉产业联盟的传播和推广，累计应用该项综合技术的蕉园超过100万亩，促进了广西乃至整个东南亚地区香蕉产业绿色发展。

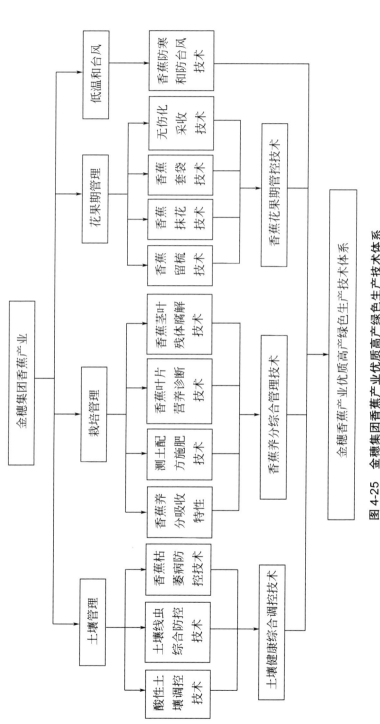

图 4-25 金穗集团香蕉产业优质高产绿色生产技术体系

第五章

科技小院助力金穗集团香蕉深加工产业发展与技术研究

深加工产业是种植业的延伸，是香蕉全产业链发展中重要的组成部分。金穗集团着眼于香蕉全产业链的布局，从香蕉种植到深加工，为香蕉产业升级奠定了基础。金穗集团建成了国内第一家大型香蕉加工企业，填补了国内香蕉浆加工的空白，对于提升香蕉的产值和促进香蕉产业发展具有重要的现实意义。张福锁教授和李晓林教授统筹协调，让科技小院研究生王斌加入深加工团队，王斌本科专业是食品科学与工程，有一定的研究基础。在林子海总裁的统筹安排下，与副总经理梁宏卫、生产经理韦高云等深加工团队成员一起参与了整个厂房、生产线和实验室的建设，开展了深加工关键技术的研究工作，见证了金穗集团香蕉深加工产业从无到有的历史时刻。

一、金穗香蕉深加工产业建设的背景及优势

金穗集团在香蕉种植方面积累了大量的一手资料，但首次尝试开展香蕉深加工需要综合考虑各种因素，权衡利弊，最大限度地提高香蕉深加工产品的质量，尽快获得消费者的认可。在深加工产业建设前需要全面分析国内香蕉产业的形势，充分发挥香蕉深加工产品填补市场空缺的优势，促进金穗集团香蕉全产业链可持续健康发展。研究生王斌与香蕉深加工团队成员在充分查询了国内外相关资料后，深入分析了香蕉深加工产业主要优势和挑战，为未来开展工作奠定了坚实的基础。

1.建设背景

（1）香蕉集中上市影响香蕉销售

近年来，凭借着广袤的土地、廉价的地租、适宜的气候等优势，广西

成为了种蕉者眼中的"新大陆"。这样的情况下，香蕉采收商跟随香蕉上市的季节辗转于广东、海南、广西、福建、云南等地。香蕉在国内的收获时间：广东3～4月，海南5～8月，广西7～12月，云南11月～翌年3月，福建全年均衡。国内香蕉主产区基本错开应市，但是由于天气、病害等原因，各产地香蕉上市时间有时会出现撞车。2007年海南香蕉由于"蕉癌"事件而出现滞销；2009年广西香蕉受寒潮的影响，再加上道路受阻，香蕉价格一路跌至0.4元/kg；2011年海南香蕉因供需失衡，出现严重滞销，价格跌至"冰点"而出现香蕉烂在地里没人收的情况。国内香蕉产业接连遭受重创，香蕉生产本是富民产业，但是由于较多不可控因素，给蕉农带来重大的经济损失。对香蕉产业，发展深加工可以延长产业链，提高香蕉产业的抗风险能力。这样香蕉产业的发展就不受采收时间的影响，在保障农民利益的同时，最大限度地减少浪费，提升香蕉产业的经济效益。

（2）外部市场冲击

随着我国加入世界贸易组织（WTO）和对东盟"零"关税的实施，国外香蕉产品涌入我国，对国内市场造成非常严重的冲击，直接影响我国香蕉产业的效益。自2001年以来，香蕉的销售价格和收购价格偏低，市场竞争力下降，对国内香蕉产业造成了一定的影响。

（3）香蕉加工产业落后

我国香蕉主要以鲜食为主，加工工业落后，而且能规模化生产香蕉加工产品的企业并不多，所以我国市场上有关香蕉加工产品非常少。加工产品以香蕉片和香蕉浆为主。目前香蕉深加工产品可以分为两大类：一类是半成品，是其他加工食品或饮料的原料，主要有香蕉原浆、香蕉原汁等。香蕉原浆多用于婴幼儿辅食，还可以用于冰激凌、风味牛奶、烘焙糕点等食品的基本原料；香蕉原汁能够成为饮料的生产原料。另一类是成品，可直接销售，如香蕉粉、香蕉干、香蕉露、香蕉酒等。香蕉粉根据不同采收成熟度可以分为两类，一种是由青香蕉加工而成的以抗性淀粉为主的香蕉粉，另一种是由熟香蕉加工而成的富含糖类的香蕉粉，两者均具有非常好的保健效果。

2.香蕉深加工的优势

目前市场上常见的香蕉类产品仍然是以鲜食为主，而加工类产品市场上可见的以香蕉干和香蕉浆为主。国内尚未出现大规模工业化香蕉深加工企业，在市场上出现的香蕉加工产品多为香蕉干或者香蕉罐头。

（1）原料优势

金穗集团流转的土地储备面积达8.7万多亩，常年种植香蕉。以金穗集团为理事长单位成立的广西香蕉产业协会、中国-东盟香蕉产业联盟及隆安县绿水江香蕉专业合作社具有很强的辐射带动作用，能保证香蕉常年供应。

公司长期采取一套"公司+基地+农户"的经营模式，与广大农户互惠互利，积极发展较大规模的原料种植基地，实行按合同价收购原料香蕉，在增加农民收入的同时，从源头上保证产品原料的质量，提高了产品的市场竞争力。

（2）经济效益高

目前国内香蕉浆加工基本空白，国外香蕉浆具有垄断地位，进口1吨香蕉原浆的价格大约在1.5万～1.8万人民币。若每年能够加工鲜香蕉25万吨，遇到行情差的年份，香蕉价格仅为0.2元/kg，销售额仅为0.5亿元人民币。将这些香蕉用于加工香蕉浆，25万吨香蕉可以加工出17.5万香蕉浆，以国内香蕉浆行情，1吨香蕉浆1万～1.3万人民币，每年将会有15亿人民币的产值。因此，目前加工香蕉存在非常巨大的经济效益空间。

（3）规模化生产优势

以金穗集团强有力的支撑，全面做大做强香蕉产业及产业链。金穗集团建有香蕉组培苗繁育中心、生物有机肥厂、标准化香蕉种植基地和农产品仓储物流交易市场。集中打造香蕉/火龙果/柑橘/甘蔗/蔬菜种植、种苗研发与生产、生物有机肥生产、农产品仓储物流、香蕉浆/香蕉粉精深加工产品、农业机械服务、休闲农业旅游开发等全产业链项目建设。

（4）政府支持及政策优势

隆安县人民政府给予了该建设项目税收优惠和减免的扶持政策，免收城市建设配套费、人防费、土地出让金、耕地占用税、契税及建筑税，其地方留成部分全额返还，用于项目基础设施建设，为深加工项目建设创造了良好的条件。

二、香蕉深加工工艺及主要问题

香蕉深加工工艺比较复杂，涉及多个生产环节。无论哪个生产环节出现了问题，生产出来的深加工产品都达不到进入市场的标准，这不仅造成了香蕉的浪费，也给企业带来了巨大经济损失。在林子海总裁的大力支持下，研究生王斌主要针对香蕉浆深加工可能存在的问题进行了分析。

1.香蕉深加工工艺

香蕉浆加工的工艺流程见图5-1。从香蕉采收到生产出成品香蕉浆，需要经过冷藏、催熟、剥皮、护色、打浆、过滤、灭酶、脱气、均质、超高温灭菌以及无菌灌装等工序。香蕉一般在青果时进行采收，需要经过催熟才能够达到可食状态。工厂加工需要连续性工作，因此就需要满足大批量催熟香蕉的需求。

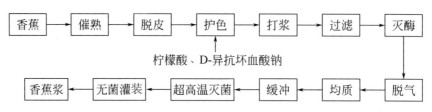

图 5-1　香蕉浆加工工艺流程图

图 5-2　香蕉脱皮工作现场

香蕉催熟后需要进行剥皮才能进入深加工车间。目前国内还没有香蕉专用剥皮机，因此目前香蕉深加工仍然采用人工剥皮（图5-2）。剥皮后的香蕉进入加工车间，在整个加工工艺流程中，护色是最为重要的环节。香蕉在打浆过程中以及灭酶前，浆料可能与空气进行接触，容易发生褐变，因此需要在浆料中添加适量的护色剂或充氮气保护。经过90℃灭酶2～4min后，分别经过真空脱气系统和高压均质机，再进入到缓冲罐中等待杀菌（图5-3）。采用高温瞬时杀菌的方法，物料在刮板式灭菌机中加热至120～135℃，加热2～4s，冷却之后进行无菌罐装。完成这些工艺还需要提供动力的空压系统、提供热能的蒸汽系统、提供信号源的电力系统等等。

图 5-3　香蕉浆生产过程中灭酶杀菌设备

2.香蕉深加工主要问题

（1）生产原料采收时间的选择

香蕉在采收时往往会遭受恶劣天气、病虫害等极端情况，导致提前或延迟采收。成熟度低的果实必然会影响加工产品品质。加工过程中，把控原料蕉成熟度对香蕉浆的品质至为关键，采收成熟度对原料蕉品质起着极为重要的作用。采收前期往往是品质形成的关键时期，是大分子物质由"源"到"库"转移积累的过程。香蕉可以在一个合理的采收成熟度范围内进行收获，且能够正常进行催熟。而对于加工用蕉来说，确定合适的采收成熟度成为香蕉浆品质把控的关键问题。

（2）深加工香蕉催熟方法

香蕉在室温条件下贮存能够自然熟化，但花费时间较长，且熟后品质不佳。国内传统香蕉催熟方法有熏烟催熟法，即通过在密闭的房间中熏烟催熟香蕉。此法虽然能够大批量催熟香蕉，但操作性不强，货架期相比乙烯利催熟明显缩短。国外也有使用CO、煤气和碳化钙生成乙炔进行催熟，但由于食品安全问题，这些方法大都被禁止。喷施乙烯利是目前国内常采用的方法，即用浓度为7～10mL/L 40%乙烯利水剂，均匀喷洒在香蕉表面，放置在带气孔的塑料袋中进行催熟。这种方法催熟效果比较好，香蕉转色后颜色鲜艳，缺点是耗费人工。

近年来在果蔬贮藏保鲜上出现了新技术，即气调技术。所谓气调技术和气调贮藏，即在一定容积的催熟库，通过对温度、湿度、乙烯气体浓度、O_2及CO_2气体浓度等参数进行准确控制，实现对果蔬贮藏期和货架期的精确调控。气调技术现阶段主要应用于果蔬保鲜贮藏，相比冷库贮藏、化学保鲜等，气调贮藏已经成为最先进的果蔬保鲜贮藏方法。近年来各地也逐渐出现用于香蕉催熟的气调库，采用气调催熟香蕉的方法不仅能够通过调节库体中气体参数来对催熟过程进行精确调控，而且节省人工、降低催熟过程中的化学物质残留量。

气调库主要由气密库体、风机、制冷系统、加湿系统、温度湿度检测器、O_2、CO_2、乙烯气体浓度检测器构成。在生产过程中，对香蕉催熟的影响因素主要有温度、湿度、乙烯气体浓度、O_2和CO_2气体浓度。在果蔬贮藏过程中，温度、湿度和乙烯气体浓度是影响果蔬生理变化的关键因素。而在气调催熟条件下，温度、湿度和乙烯气调浓度的交互作用也是香蕉催熟过程中需要解决的难题。

（3）香蕉浆护色工艺

催熟后的香蕉需要经过打浆及后续的灭酶杀菌过程，其中打浆环节尤为关键。打浆过程香蕉中的酶尚未完全灭活，且这一阶段香蕉浆会与空气中的氧气接触，所以需要添加一定量的护色剂来抑制褐变的发生，护色剂的添加效果与最终成浆品质存在直接关系。

香蕉加工过程中产生褐变的主要因素是酶促褐变，其中多酚氧化酶是植物中最受注意的一种酶，在葡萄、枣、茶叶和咖啡豆中含量很高，起到有利作用。但是在香蕉、桃、苹果、莲藕和莴苣中的含量很高时，易引起褐变，给果蔬保鲜和加工带来极大的困难。如图5-4所示，多酚氧化酶（PPO）是一类含铜的氧化还原酶，催化邻-苯二酚氧化成邻-苯二醌，也能作用于单酚单加氧酶的底物。氧化形成不稳定的邻-苯醌类化合物，再进一步通过非酶氧化反应，聚合成黑色素。

褐变分为两种，酶促褐变和非酶促褐变，其中酶促褐变占主要因素，这主要与香蕉中富含大量的酚类物质有关。参与酶促褐变的酶主要有多酚氧化酶、过氧化物酶和过氧化氢酶，其中以多酚氧化酶为主。香蕉加工过程中，要经过剥皮、打浆或者切片等工艺流程，大大增加了香蕉果肉与氧气接触机会，从而促进多酚氧化酶的催化氧化作用。

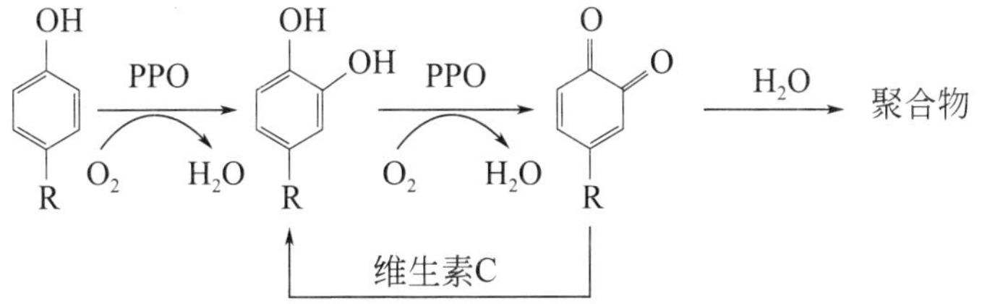

$R=H-$、$Me-$、$MeO-$、$H_2OC-(CH_2)_2-$、$HOCH_2-$、$HO(CH_2)_2-$、$PhCONHCH_2-$

图 5-4　酶促褐变机理

香蕉果肉不同于其他水果，果肉呈现白色或淡黄色，因此一旦发生褐变反应，不仅降低香蕉的营养价值，同时改变香蕉加工产品的颜色，降低产品的商品性。此外，香蕉果肉中存在大量果胶，使得香蕉打浆之后不容易出汁，水溶性果胶含量增多，黏度上升，意味着流动性降低，增加了加工工艺的难度。香蕉加工产品的香气成分，是香蕉加工产品最重要的品质之一。因此，如何在加工过程中保留更多的香气成分，减少不良风味物质的出现，也是香蕉加工中一个亟待解决的问题。

三、香蕉深加工工艺

香蕉深加工是一个程序复杂的过程，一个环节做不好往往会造成整个出浆品质较差，达不到市场标准。在香蕉浆生产过程中，除了严格遵守企业香蕉浆生产标准，还要在原料选择、工艺调控、催熟条件等多方面进行优化，否则很难保障香蕉浆的质量。研究生王斌从加工原料的选择、气调催熟技术及护色技术等方面开展研究工作，具体优化方案见图5-5。

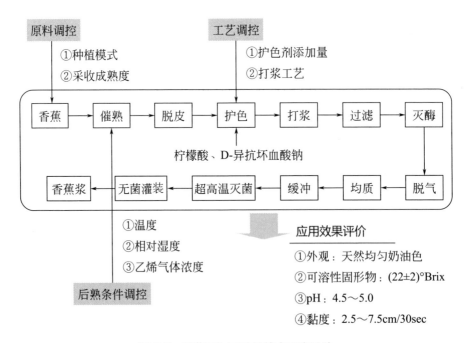

图 5-5　香蕉深加工关键技术研究思路

1.适宜加工蕉的采收成熟度

香蕉加工生产线建成后，面临的首要问题是产品质量。好原料是保障好产品的关键，对于香蕉浆而言，好果出好浆，要保证香蕉浆绵绸清甜、香气浓郁，就须要知道什么样的香蕉更适合加工。在金穗集团用于鲜果销售的香蕉一般都会选择在断蕾后60天左右进行采收。香蕉断蕾60天后进行采收，拥有最高的可溶性固形物含量，但是如果再延迟采收，可溶性固形物含量反而随着采收成熟度的增加而逐渐降低（图5-6）。对于加工而言，还要考虑到原料蕉对加工工艺的影响。因为即便是满足品质需求的香蕉，如果不利于加工，同样不能满足加工需求。

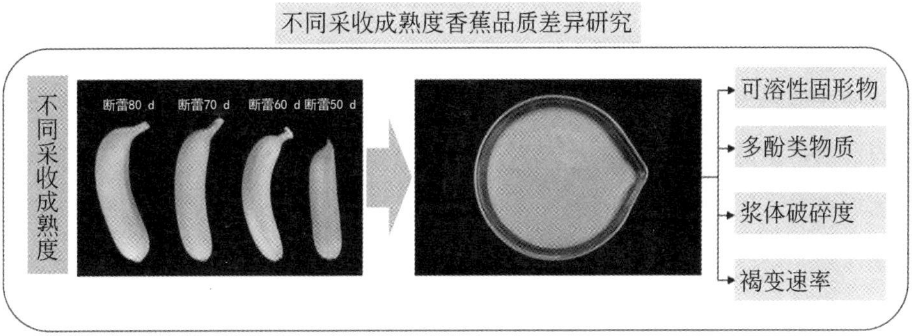

理论创新

①香蕉品质评价基础数据
②加工用蕉的最佳采收成熟度
③针对不同批次香蕉加工工艺调整

应用效应

①原料蕉把控方案
②香蕉浆品质稳定、均一

图 5-6　不同采收成熟度香蕉深加工研究模式图

香蕉浆褐变速率和果实破碎度是香蕉深加工需要考虑的重要参数。香蕉在打浆后一直到灭酶之前这一段工艺流程中，完全通过添加护色剂来抑制香蕉浆的褐变速率。如果浆体的褐变速率较快，只有通过增加护色剂的添加量才能够抑制褐变发生，但也会严重降低成品香蕉浆的口感及风味。采收成熟度越低的香蕉在打浆之后越容易引起褐变。而选用采收成熟度高的香蕉，其果肉中粗纤维和果胶等大分子物质含量可能会越高。在整个工艺流程中，香蕉浆需要经过过滤，香蕉中含有的粗纤维、果胶等一些大分子物质在过滤时都会被滤网过滤掉，堵塞滤网或者加快滤网的更新频率，因此是非常不利于加工的。综合考虑各采收成熟度的产量、可溶性固形物以及加工工艺条件等因素，确定断蕾后70天采收的香蕉是最适合加工用蕉。

2.气调催熟技术

香蕉属于典型的呼吸跃变型果实，因此一般都会在青果期进行采收，需要经过后熟过程才能够达到可食状态。对于香蕉深加工来讲，必须要经过催熟这一工艺流程。在香蕉催熟过程中，对香蕉品质影响最大的因素主要是温度、相对湿度和乙烯气体浓度（图5-7）。

温度对于香蕉催熟过程中品质变化有着非常重要的作用。高温虽然能够加快催熟进程，但是温度过高，在香蕉熟化过程中也会造成自身可溶性固形物含量的损失。主要是因为高温条件下，香蕉的呼吸作用增强，增加蕉果自身在催熟过程中的损失，显然是不利于加工品质的形成。催熟温度建议在（19±0.5）℃，在催熟后期可适当降低温度。

高乙烯气体浓度可以加快催熟进程，但是过高的乙烯气体浓度会使得催熟后香蕉货架期严重降低。这样在香蕉催熟之后就必须立即进行加工，机动性较低。根据公司的实际情况，如果使用乙烯气体存储罐来释放乙烯，由于乙烯气体是易燃易爆气体，安全性较低，不宜采用。若采用便携式乙烯发生器，由于气调催熟库体较大，而便携式乙烯发生器往往生产出的乙烯气体浓度达不到标准，因此需要确定一个可行性的乙烯气体浓度范围，乙烯气体浓度控制在1.0～1.3mL/L。

相对湿度也会影响香蕉催熟效果。香蕉在催熟过程中，由于自身呼吸作用以及果皮表面的蒸腾作用，质量会不断降低。如果在香蕉催熟过程中，外界相对湿度过低，容易造成果皮细胞失水，严重皱缩，从而使乙烯受体失活，使整个催熟过程不能够正常进行。同时相对湿度较低，在催熟过程中就会导致较高的失重率。因此在整个催熟过程中，必须要保证气调催熟库中相对湿度高于90%。

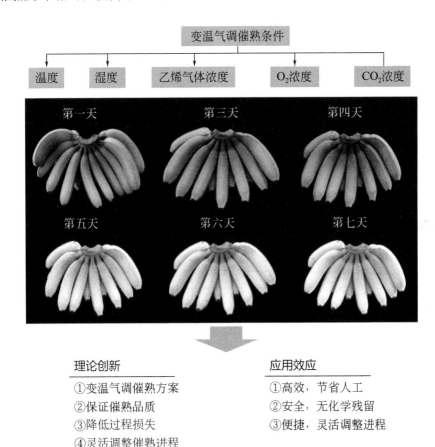

图 5-7 用于深加工香蕉气调催熟条件研究模式图

3. 打浆工艺优化

香蕉浆加工过程遇到最主要的问题是褐变，在打浆过程中往往需要添加一定量的护色剂来抑制褐变发生（图5-8、图5-9）。公司所采用的是柠檬酸和抗坏血酸，这两种护色剂的作用各有不同，柠檬酸的作用主要是降低体系中pH，从而使体系偏离多酚氧化酶的最适pH，抑制褐变发生。抗坏血酸具有还原性，能够将体系中被氧化聚合形成的醌类物质还原成酚，降低褐变发生。

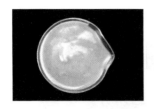  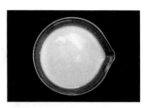

褐变原因：
酶促褐变以及非酶促褐变中抗坏血酸褐变

褐变原因：
非酶促褐变，主要包括美拉德反应和酚类物质的氧化

第一次工艺优化

调节护色剂添加量，抑制酶促褐变，防止抗坏血酸浓度过高

第二次工艺优化

螺杆碾压打浆机替代角磨剪切打浆机，以减少浆体中溶氧量

图 5-8　香蕉浆生产工艺优化模式图

图 5-9　研究生王斌探索护色剂的添加量

香蕉浆的非酶促褐变同样会影响香蕉浆的颜色。之前生产香蕉浆采用的是角磨式打浆机，类似于日用豆浆机，在打浆过程中会混入大量的空

气，这样在贮藏过程中会使香蕉浆发生非酶促褐变反应。将目前所使用的打浆机更换为螺杆碾压式打浆机，这样成浆过程通过螺杆的碾压不会混入大量的空气，从而能生产出满足客户需求的香蕉浆产品。

目前铂洋公司香蕉深加工工艺在原来的基础上进行了优化和改进，提高了加工效率，同时扩大了深加工产品的数量。目前可以生产香蕉浆、香蕉粉、风味糖浆、混合果汁、百香果浆、芒果浆、水果冻块等系列产品。年产风味糖浆3万吨，每年可加工鲜香蕉25万吨，年产香蕉浆10万吨，香蕉粉3000吨。

第六章

科技小院助力金穗集团生物有机肥产业发展与技术创新

为满足农业种植生产需求，减少农资投入成本，完善农业产业链布局，金穗集团于2009年5月13日成立了全资子公司广西金穗生物科技有限公司。该公司收集利用附近农业和工业生产的有机废弃物资源，进行生物有机肥的生产与销售，以满足金穗集团及周边金穗联盟种植基地的用肥需求。同时，金穗有机肥产业作为有机废弃物循环再利用的"中转站"，构成了金穗绿色生产物资循环模式的核心枢纽（图6-1）。科技小院在金穗生物有机肥产业的技术创新中发挥了独特的平台优势和骨干力量，引进中国农业大学与南京农业大学的先进技术服务于企业创新。同时，以科技小院研究生为技术骨干，逐渐发展壮大企业自己的研发技术队伍。

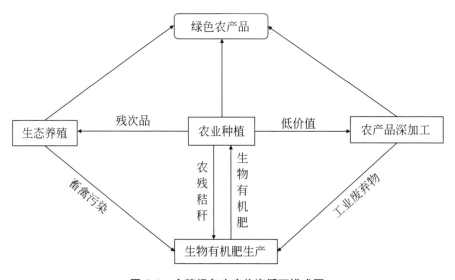

图 6-1　金穗绿色生产物资循环模式图

一、金穗生物有机肥产业发展概况

2009年广西金穗生物科技有限公司（以下简称金穗生物）成立之初，首先采用条垛式发酵进行有机肥生产，但由于场地有限、产能较低，尚不能满足自有基地用肥需求。因此，公司与中国农业大学合作，在资环学院李季教授等专家的指导下，公司于2011年新建成1条生物有机肥生产线。采用槽式好氧发酵工艺，设置爆气发酵槽20条，引进复合微生物发酵菌剂-VT菌剂进行有机肥发酵，年产能可达6万吨，解决了周边基地有机肥供应问题。

2014年，随着金穗集团种植业板块的不断拓展，农业种植对有机肥产品的需求也在快速增加。为满足不断增长的有机肥用量需求，公司开始建设第二条生物有机肥生产线，由科技小院参与工艺优化，使金穗生物实际年生产能力达到10万吨，一跃成为广西全区规模和产能最大的生物有机肥生产企业（图6-2）。

图 6-2　金穗生物有机肥工厂鸟瞰图

2015年，农业部印发了《到2020年化肥使用量零增长行动方案》，提倡积极探索有机养分资源利用的有效模式，鼓励和引导农民自造农家肥，施用商品有机肥。国家政策的支持为金穗生物有机肥的发展提供了有力引导和支撑，公司利用科技小院的平台整合多方科技资源，强化自身技术实力，于2015年成功申报高新技术企业。实现由原料驱动的资源型企业向技术驱动型高科技企业的成功转变。

2016年6月，金穗生物成功在新三板挂牌上市，公司更名为广西金穗生态科技股份有限公司（以下简称金穗生态），成为广西首家在新三板挂牌上市的微生物肥料生产与服务公司，进入了全新的高速发展阶段。同年11月，金穗生态投资400余万元建成6层研发中心大楼，下设4个研究室，12个研究小组，核心技术人员30余名（图6-3、图6-4）。公司任命科技小院毕业生迟志广为研发中心副主任，以科技小院研究生为技术骨干，与中国农业大学、南京农业大学、广西大学、广西农科院等多所高校和科研单位开展深入合作，极大地增强了企业的科研实力。

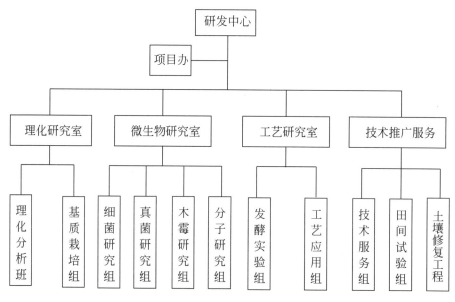

图6-3 金穗生态研发中心机构组成

2017年，农业部印发《开展果菜茶有机肥替代化肥行动方案》的通知，要求加快推进农业绿色发展，要以果菜茶生产为重点，实施有机肥部分替代化肥，推进资源循环利用。政策的推动再次为有机肥行业的发展开拓了广阔的市场，金穗生态紧随政策指引，大力拓展有机肥业务板块。公司控股广西崇左市湘桂生态肥业有限公司（后改名广西兴嘉农生态科技有

图 6-4　卢义贞董事长（右一）视察研发中心工作

限公司），建设新型生物有机肥生产线，新增产能20万吨，每年可将35万吨的农林废弃物完全回收利用，反哺于农业。同年，金穗生态的生物有机肥产品获得南京国环有机认证和绿色食品生产资料认证，成为广西全区首个获得"双认证"的有机肥生产企业，突出了企业服务绿色生态农业的能力。

2018年以来，金穗生态又陆续被评定为广西壮族自治区企业技术中心、南宁市农业产业化重点龙头企业、广西壮族自治区瞪羚企业等，企业的技术实力和产业地位得到了社会各界的普遍认可（图6-5）。同时，为保障老挝金穗及周边基地的香蕉种植，金穗生态在老挝沙耶武里省巴莱县建立了子公司老挝金穗生物科技有限公司。子公司设计产能5万吨，结合国内先进技术与当地有机物废弃物资源，生产高附加值的环保型生物有机肥。既可满足农业种植需求，也改善了周边生态环境。至此，金穗生态及其两家子公司生物有机肥产能合计达到35万吨，年销售额超1.5亿，从技术和规模方面，成为国内领先的大型生物肥料生产企业。

图 6-5　广西金穗生态科技股份有限公司

二、产品升级与技术创新

产品的研发为提升金穗生态强有力的市场竞争力提供了重要支撑，能满足不同作物生长需求，提高市场占有率。技术创新是产品研发的基础，持久的技术创新能力能不断优化产品，使生产的产品能符合市场需求，提升金穗生态的收益。科技小院研究生迟志广毕业后留在金穗，担任研究中心副主任，主要在有机肥产品升级、功能菌肥开发等方面开展工作（图6-6、图6-7）。

1. 功能型生物有机肥产品升级

2012年广西金穗科技小院成立之后，在对香蕉土壤酸害改良的课题研究中，科技小院研究生率先提出通过向有机肥中添加钙镁磷肥，以增强其

图 6-6　研究生迟志广向张福锁教授等专家介绍技术研发情况

图 6-7　张福锁教授（左一）对研发模式进行总结（附彩图）

改良酸性土壤这一功能。经过研究生们与技术人员的不断尝试与努力，最终确定了成熟的添加工艺与配方（图6-8）。金穗生产出了第一款功能型生物有机肥，并首先在香蕉种植上取得了显著的应用效果。

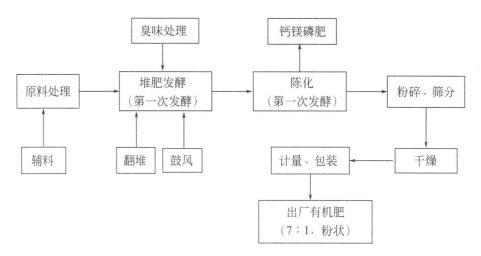

图 6-8　金穗生态功能型有机肥生产工艺

　　与科技小院扎根农业生产一线发现问题、解决问题的研究思路类似，金穗生物有机肥产品的研发路线也是紧贴农业种植需求。借助母公司金穗农业的种植优势，金穗生态相比于同行农资企业，可以第一时间发现农业生产中的关键问题所在，有针对性地开发专用型产品，并快速地返回到农业生产中进行验证和推广，这是其他农资公司所不具备的天然优势。科技小院的研究工作为金穗生物有机肥产品的开发提供了大量的基础数据，通过借鉴化肥上的作物专用肥概念，研发人员也将植物营养的肥料配方技术应用到生物有机肥产品开发上。针对香蕉、火龙果、柑橘、甘蔗等广西主要经济作物的土壤障碍因素和养分需求规律，开发出了一系列的作物专用型生物有机肥产品。如香蕉调酸型生物有机肥、火龙果品质型生物有机肥、柑橘黄化恢复型生物有机肥、甘蔗专用型有机无机复混肥等。将公司原先单一的通用型有机肥产品，扩展成种类丰富、功能各异的有机肥系列产品。

2.微生物发酵与应用技术创建

2016年，金穗生态投资600余万元建设菌种发酵车间，致力于研发生产自己的功能菌种，提升产品核心竞争力。技术团队通过与南京农业大学开展技术合作，引进多株功能菌种，并尝试探索本地化发酵工艺。经过不断努力，技术团队不但摸索出了外来优势菌株本地化的批量生产工艺，同时建立起一套菌种筛选方法。针对广西地区障碍土壤进行功能菌种的筛选（图6-9），建立起金穗自主产权的菌种资源库，包含菌种49株，申请菌种专利3项。针对核心菌株，优化本地发酵配方11个，优化菌种发酵工艺6项。

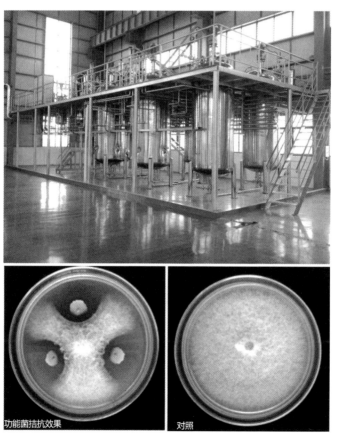

图 6-9　功能菌种发酵设备与拮抗效果

拥有了核心菌株，接下来就是相应产品的开发。研发中心根据有效菌株的功能定位、生存条件调整产品配方和发酵条件，开发出可促进植物根系发育的促生型产品和可减缓连作障碍的生防型产品。新增2个农用微生物菌剂登记证和2个复合微生物肥料登记证，极大丰富了公司的产品类型。通过功能型微生物的应用，公司产品在香蕉、豇豆、辣椒等作物连作障碍防治上取得了显著的效果（图6-10），开拓了公司产品的外部市场，为公司带来了直接的经济效益。

图 6-10　金穗生态有机肥在蔬菜上的使用效果（附彩图）

3.水溶性有机肥料产品研发

随着农业种植集约化和标准化发展，水肥一体化设备的普及程度越来越高。为了满足水肥一体化施肥模式的应用，公司开始重点着手水溶性有机肥料产品的开发。2018年，公司投资近千万建立年产3万吨的糖蜜干粉生产线（图6-11），利用酒精厂产出的糖蜜酒精浓缩液喷雾干燥生产全水溶性有机肥原料。糖蜜浓缩液是糖蜜经特殊的微生物发酵，转化成含有羧基、酚羟基和甲氧基等活性基团的各类小分子物质、氨基酸、多元有机酸和维生素等成分极为复杂的腐植酸类物质。由糖蜜浓缩液经喷雾干燥制成的糖蜜干粉，含有植物生长所需的氨基酸、氮、磷、钾、多种酶类及多糖等营养物质。其中有机质含量≥60%，生化黄腐酸≥47%，腐植酸≥4%，总养分≥12%，游离氨基酸≥3%，中微量元素≥5%。且糖蜜干粉的分子量和官能团较小，生理活性较高，容易被植物吸收利用。

图 6-11　糖蜜干粉生产线及产品（原料级）

研发中心利用这一优质的水溶肥原料开展水溶性有机肥产品研发，经过与市场同类型水溶肥产品对比试验、助剂筛选试验、配方优化试验、工艺优化试验、产品效果试验与田间验证等多个环节的层层试验，开发出多款全水溶有机肥料产品。发布企业标准1份、申请含腐殖酸水溶肥登记证2

个、有机水溶肥登记证2个。水溶性有机肥产品不仅可以随水肥施用，也可以叶面喷施，应用效果更显著。同时，水溶性有机肥产品也弥补了传统有机肥料施用不便的缺陷，让有机养分也可以随作物生长实时补充，也让公司建立起叶喷、滴施、土施等多途径的立体有机营养管理体系。

4.好氧快速发酵工艺改进

有机肥发酵的效率和品质很大程度上取决于发酵设备的好坏，先进的发酵设备是保障优质有机肥生产的基础。金穗生物有机肥生产工艺从条垛式发酵升级到槽式好氧发酵（图6-12），对生产设备也提出了更高的要求。有机肥好氧发酵的翻堆装置多种多样，形态各异，但大多体现为功率大、传动效率低、维护难，费效比不高。好氧发酵制备有机肥，需要采取翻抛与曝气调控手段来控制工艺过程，促进好氧微生物的活动。好氧发酵过程就是微生物不断消耗有机物的过程，温度越高持续时间越长有机质消耗越大，如不加控制最后产品有机质会非常低，导致产品品质达不到要求。而通常有机肥生产发酵过程都比较难控制，尤其是温度，温度过低腐熟不透生产周期长，温度过高有机质消耗大成本高。针对上述问题，技术团队与生产部门共同努力，不放过每一个关键设备和生产环节。陆续改进了发酵曝气装置、好氧翻抛装置、糖蜜添加工艺和二次陈化工艺等，并申请了8项发明专利。其中，最具创造性的一项技术是将条垛发酵和槽式曝气发酵的优点结合起来，发明了条垛曝气好氧快速发酵方法。该方法不需大型固定设备，布料灵活，发酵迅速，翻堆均匀，建设成本低，成为短期扩增产能，应对用肥高峰的首选方法。近年来金穗生物有机肥板块不断扩张，条垛曝气好氧快速发酵的方法在新厂建设过程中成为最主要的增产方式。先进的设备和工艺带来了产品的飞跃升级，普通堆肥模式下一两个月才能发酵腐熟的物料，在金穗生态先进工艺的条件下最快只需15天即可发酵完成。并且产品质量稳定，安全性高，无批次差异，深受周边广大种植基地的信赖。高度机械化的生产模式既保证了品质，也减少了对人工的依赖。

金穗生态有机肥生产线可做到全年不停机生产，既降低了生产成本，也体现出科技第一生产力的技术优势。

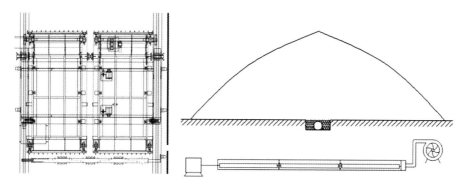

图 6-12　好氧翻堆装置及条垛曝气装置

5.基质产品开发

南方夏季炎热多雨，田地杂草疯狂生长，既争夺养分，又会滋生各种病虫害。传统种植常使用除草剂或地膜来进行防草。但近年来，除草剂的残留和慢性危害越来越引起人们重视，而地膜长期使用会老化破碎并残留在土壤中，对土壤造成污染。针对这一农业难题，金穗生态联合科技小院研究生迟志广和南京农业大学展开研究，结合广西当地的资源特点，以大量废置的桉树皮为主要原料，研发出一款专门进行田间防草的基质类覆盖产品，简称覆盖基质。其实，利用树皮类的覆盖物在国外园林管理中已经有很长的应用历史了。例如欧美庭院种植花卉树木时，常在栽植之后于根部附近覆盖一层5cm左右的"冒咮"（Mulch，覆盖物），不仅可以抑制杂草生长，还可以保持土壤湿润，为植物提供一个良好的生长环境。金穗生态借鉴国外先进理念，结合当地资源优势，对这种覆盖物进行了加工和升级。通过物理揉搓处理、营养配方调整和专用菌种添加等工艺，对桉树皮进行半发酵脱毒处理。既去除了其中有害的化感物质，也保留了其多孔的纤维结构，最终制成具有良好防草、保湿、透气功能的覆盖基质。成品容重0.2～0.5g/cm³，总孔隙度≥60%，有机质≥80%，pH6.0～8.0，出苗率≥90%。企业已针对此产品形成企业标准1项，发明专利2项。

目前，覆盖基质首先被应用在火龙果种植上，并逐渐成为火龙果规模化种植中一步标准的操作。另外，覆盖基质还可以广泛地应用于各种果树和园林的树盘覆盖上，如柑橘、百香果、风景树等。通过对火龙果上一年的应用跟踪发现覆盖基质不仅解决了田间除草的难题，而且有效改良了土壤结构（图6-13）。与裸地相比，覆盖基质可使土壤湿度提高80%以上，

图6-13　覆盖基质及其在火龙果上的应用（附彩图）

使土壤容重降低38%，提高土壤pH。另外，覆盖基质通过自然腐解转化为有机质，可使土壤表层有机质高达35%以上。通过基质覆盖模拟森林土壤环境，也促进了土壤微生物的繁殖，使蚯蚓等有益土壤微生物又回到了农田当中。同时，由于没有了杂草丛生的环境，病虫害的发生率也大大降低，从而减少了农药投入，节约了人工成本。

三、技术服务产业升级

2012年以来，金穗生物有机肥产业通过科技小院平台的支撑，联合多方科研技术力量，引进多项技术、设备与人才，逐渐打造出一支坚实的技术核心团队。通过建立企业研发中心，加大研发投入，发展企业自主核心技术，实现了企业由资源驱动型向技术驱动型高科技企业转变。企业的经营模式也由简单的市场需求引发生产制造，变成了以市场需求为导向，生产制造为基础，由研发提供产品开发、技术服务和工艺优化的技术支撑新模式（图6-14）。

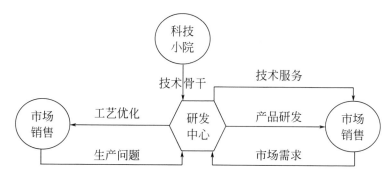

图6-14　金穗生态技术支撑模式图

通过设备和技术升级，金穗生态的有机肥生产效率得到了极大提升，厂区单位面积生产效率提高67%，有机肥发酵周期缩短50%以上。公司有机肥料产品从原先的单一生物有机肥逐渐发展成为三大类别九大品种16类标准的有机肥料产品体系。同时，企业依靠科技小院的技术团队开展技术服务，对企业销售人员开展种植和产品培训，并协助销售人员走访调研种植市场。推广金穗种植理念与技术，开展土壤检测和作物营养诊断服务，将传统销售模式升级为技术营销。技术服务基地面积累计30余万亩，年平均培训与接待30余场，检测样品500余份。

有机肥板块的迅速发展为金穗集团的农业绿色发展注入了强劲动力，主要表现在集团种植用肥模式越来越向重有机肥投入模式转变。农资投入中有机肥投入比例逐渐提高到1/2，甚至2/3。在国家倡导农药化肥零增长和有机肥替代化肥政策的大背景下，科技小院通过技术创新，让越来越多的种植者意识到土壤健康对农业生产的重要作用，将绿色发展的理念传播到农业生产的各个环节。

第七章

科技小院人才培养模式

科技创新在推动国民经济发展和社会进步方面发挥了巨大的作用，农业科技的创新保障了国家粮食生产，满足了日益增长的人口对食物的需求。人才是农业科技创新的主体，培养符合现代农业发展的人才是农业科技创新的必要条件，是建设创新型国家的需要。培养复合型农业人才不仅能提高我国农业创新水平和创新能力，促进农业科研成果转化，更能推动我国农业快速发展。

现代农业企业作为我国农业产业发展的主力军，需要更多复合型人才。他们不仅要有全面的理论知识，又要有极强的实践能力；既要具有创新能力和技术推广能力，又要懂经营、会管理、善协调。最重要的是，现代种植企业的人才要有强烈的"三农"情怀、社会责任感和使命感（图7-1）。

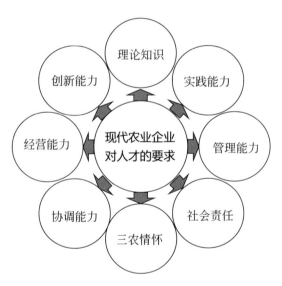

图 7-1　现代农业企业对人才要求

金穗集团作为现代农业企业的典型代表，2012年被认定为第五批农业产业化国家重点龙头企业。但是在近些年的发展过程中明显发现，人才是限制金穗集团快速进步的关键因素。以种植板块为例，40%以上的员工是初中及以下学历，本科及以上学历的员工不足12%（图7-2）。这种人力资源结构严重影响了金穗集团的创造力和科技进步的速度。如何在现有条件下培养出更多满足金穗集团发展需求的人才是当务之急。为了解决人才缺乏的局面，金穗集团与南京农业大学、广西大学、广西农科院、广西农职院等自治区内外高校和研究所签订科技合作战略，相关单位会有专家教授定期到金穗集团指导工作。农业生产是复杂多变的，这种合作模式在一定程度上能解决人才缺乏的局面，但面对突发或紧急的生产问题很难立刻得到解决。要想改变这种机制，必须建立长期合作和驻扎生产一线的合作模式，做到实时指导生产，零距离解决问题。科技小院平台能同时兼顾驻扎生产一线与专家教授指导，做到两者统一。

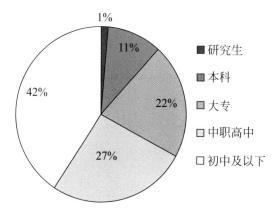

图 7-2　金穗集团人力资源结构比例图

　　科技小院是中国农业大学培养复合型新农科人才的重要载体，它不仅可以让学生做到理论知识与实践相结合指导农业生产，同时也可以培养学生强烈的社会责任感和对"三农"深厚的情感。更重要的是，通过科技小院的平台，不仅可以让研究生得到锻炼成长，同时也可以为更多农业人提供成长成才的机会。金穗科技小院作为校企合作的科技小院，不仅培养了研究生，也培养了公司的员工、实习生和承包户，同时也影响了公司的领导层，做好多层次人才的培养。金穗科技小院对于不同类型人才的培养采取不同的培养模式和方式。

一、科技小院培养人才类型

1.研究生培养

研究生通过深入一线工作，在理论知识、技术集成、生产实践、为人处世等多方面的成长，培养了能吃苦、善钻研的品质，不断加强自己理论创新、技术创新、生产实践经验的积累，成为懂农业、爱农民、爱农村的高素质复合型新农科研究生。

2.公司员工和实习生培养

公司员工尤其是基地一线管理人员和技术人员在与研究生"结对"工作中，不仅掌握更多的理论知识，同时也掌握了技术创新能力。把自己丰富的实践经验与理论结合起来，更好地服务生产，增加了自信心，实现人生价值。

3.承包户培养

承包户在与科技小院人员的交流过程中掌握了更多的生产技术，通过科技展板和科技视频的学习，掌握了香蕉管理的相关知识，使自己成长为"土专家"，不仅提高了自己的收益，也获得了公司的尊重。在金穗集团香蕉种植基地承包户成长为管理人员和分场场长的例子比比皆是。

4.影响公司领导层

公司领导层是香蕉生产和管理的决策层，科技小院研究生们研发的技术会及时反馈给公司高层，领导会根据市场情况等因素综合制定物资采购、管理方案等，使公司领导转变管理理念，依靠科技种田，不仅可以节省管理和生产成本，同时可以获得优质高产的香蕉。

二、研究生培养模式

大学最重要的一项职责是人才培养，中国农业大学作为国家"双一流"建设高校，在人才培养方面承担着更大的责任。一流大学必须站在全球和国家的高度去考量人才培养，培养出具有历史使命感和社会责任心、富有创新精神和实践能力的各类创新型、应用型、复合型优秀人才。农科类大学更需要培养知农、爱农的"新农科"复合型人才。

科技小院对于研究生能力的培养更加多元化。在科技小院的研究生首先需要在生产一线培养自己的"三农"情怀，锻炼坚强的意志力。其次必须要有团队协作能力，这是开展所有工作的基础。这种能力的培养是一个长期的过程，与公司员工的协作、与基地管理人员的协作、与科技小院其他研究生的协作等等。团结协作能力培养最重要的体现是服务意识和服从意识，为其他人服务是对他人的尊重，也是科技小院工作顺利开展的有力保障。服从意识是科技小院团队顺利运行的法宝之一，科技小院负责人一般是任务的发起者，团队成员需要无条件配合，这样团队拧成一股绳才能把每件事做到尽善尽美。除了团队协作能力，金穗科技小院研究生能力培养还包括以下几个方面（图7-3）：

1."三农"情怀

广西隆安火龙果科技小院研究生进驻科技小院之后，要吃住在基地，与场长和管理员共同劳动，了解生产的实际问题，善于结合理论知识进行

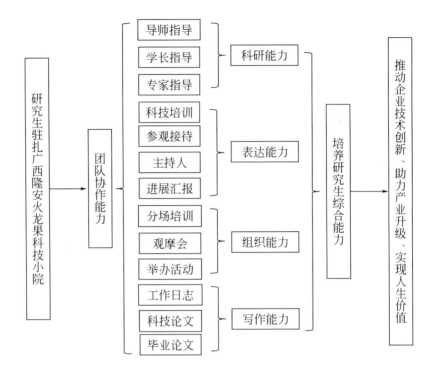

图 7-3　广西隆安火龙果科技小院研究生培养模式

思考。锻炼自己能吃苦、不怕吃苦的精神。"零距离"接触农民工，倾听他们的心声，体会他们的艰辛与不易。通过在生产一线的锻炼，培养研究生"三农"情怀。

2.科研能力

科研能力作为一个研究必备的基础能力。在生产一线要善于发现生产中关键问题，一旦发现生产问题，研究生通过查阅文献资料，经导师和当地专家指导及师兄师姐帮助，找到关键问题所在。然后通过布置田间试验，解决生产问题，形成技术或产品应用到生产中，实现研究成果的"零距离"转化为生产力。在这个过程中研究生掌握发现文献、解决问题、集成技术的方法，以达到提升科研能力的目的。2012级硕士研究生余赟在科技小院工作的两年多时间里针对香蕉生产中施肥、掉蕾、台风灾害等问题进行研究，提出了切实可行的生产建议，共发表了10篇科技论文，撰写了《广西滴灌香蕉营养与施肥》专著一本，获得了国家奖学金并被评为北京市优秀毕业生。

3.表达能力

对于广西隆安火龙果科技小院研究生表达能力的培养主要从四个方面开展：科技培训、参观接待、主持活动和科研进展汇报（图7-4）。① 科技培训。研究生在获得新技术后需要通过培训的形式向分场的管理人员、技术员和承包户培训，在广西隆安火龙果科技小院的研究生每个月至少主讲一次培训会，长此以往表达会越来越清晰，越来越具有逻辑性和感染力。目前广西隆安火龙果科技小院已累计培训近3000人次。② 参观接待。金穗集团作为当地国家产业化龙头企业的典型代表，每个月会有很多参观接待活动。广西隆安火龙果科技小院的学生主要负责整个产业链的介绍。面对不同方面的参观人员需要用不同的方式来介绍金穗集团具体的产业现状，这要求研究生必须做到随机应变，该减则减，深入浅出，能让每位参观者了解金穗的产业发展。③ 主持活动。主持活动对表达能力的要求非

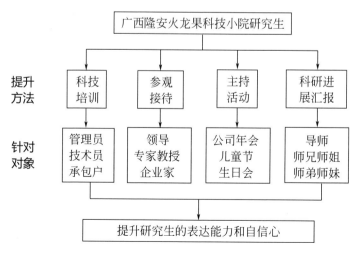

图 7-4　广西隆安火龙果科技小院研究生提升表达能力的途径

常强，既要活跃现场气氛，也要控制现场的节奏。通过语言表达让每个观众跟着主持人走，这种能力需要在一场一场的活动中锻炼。科技小院2013级硕士研究生迟志广曾担任金穗集团年会主持人，获得了非常好的现场效果。④ 科研进展汇报。科研进展汇报与科技培训不同，科技培训需要用更加简洁易懂的语言让承包户明白，而科研汇报需要用科学的语言和详实的数据去支撑每一个科学假设。广西隆安火龙果小院研究生会定期举办科研进展汇报活动或例会，在自己多次汇报展示和听其他人汇报的过程中慢慢提升这项能力。

4.组织能力

与在学校开展科研工作的研究生不同，广西隆安火龙果科技小院的研究生必须具有超强的组织能力。每月一次的金穗论坛或田间观摩会，香蕉和火龙果关键生长期的培训会，都需要研究生去组织。在组织过程中需要考虑到每个环节，比如签到、参观路线确定、培训设备的准备等。研究生在经历过多次的活动组织过后，这方面的能力会得到大幅度提升，遇到再大的场面也会组织得井然有序。比如广西隆安火龙果科技小院研究生每年负责金穗集团年会的拔河比赛，从报名通知发送、人员组织、拔河规则制定、拔河现场把控、颁奖等，每个环节必须考虑到，才能保证活动正常开展。截止到2020年，广西隆安火龙果科技小院研究生累计举办各种活动超过100次。

5.写作能力

写作能力是科技小院研究生必备的能力之一，每天撰写工作日志是锻炼写作能力的最佳方式，同时有助于培养研究生的毅力。一般一名研究生从入学到毕业至少要写近700篇的工作日志。在工作中多记、多想才能避免疏漏，及时回顾分析当日工作内容，才能安排好第二天的工作计划。用工作日志把记忆的东西转变成文字，可使工作内容条理化，增强思维的逻辑性。将工作或学习中好的经验总结或存储下来，工作日志可帮自己"温故而知新"，让同学学习借鉴。当记录下每天的工作事项时，就知道自己还有多大的能力和精力去完成更多的任务，继而发挥自己的潜能去争取更多工作和学习机会。此外，工作日志还能记录研究生成长的脚步，及时向他人传递信息，发现问题，导师和家人能随时关注工作和情绪动态并及时进行疏导（图7-5）。从2012年金穗科技小院建立开始计算截止到2020年8月，金穗科技小院学生共撰写工作日志超过2800期，累计超过425万字。

科技论文写作是培养写作能力又一有效手段，科技小院研究生在毕业时至少保证2～3篇科技论文发表，这是硬性要求，同时也能显著提高研究生的写作能力。到2020年广西隆安火龙果（金穗科技小院）研究生发表科技论文39篇。毕业论文写作是每个研究生必须经历的过程，有了工作日志和科技论文写作经历后，毕业论文写作相对会很顺利。通过毕业论文写作能让研究生更好地掌握研究内容的整体性和逻辑性，是对写作能力的进一步提升。

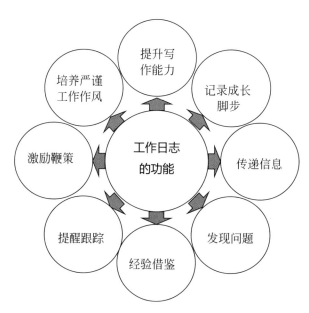

图 7-5　工作日志的功能

三、金穗管理层培养模式

金穗集团管理层组织结构为高层领导-中层领导（分场场长）-基地管理人，高层领导负责整体的设计和运行，中层领导负责整个部门或分场的统筹安排，部门或基地管理人员负责具体事务的执行与及时反馈。中层领导会根据执行情况决定下一步工作安排或反馈给高层领导统筹整个工作计划（图7-6）。

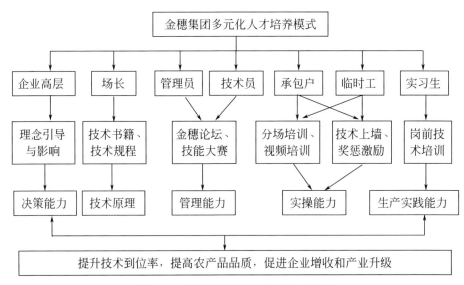

图 7-6　金穗集团多元化人才培养模式

1.对金穗高层领导的影响

高层的决策和规划直接决定企业的正常运行和效益。在科技小院组织框架下，科技小院院长会逐级向上汇报，把科技小院团队的最新进展尤其是突破性进展直接向上一级汇报或与上一级领导一同向总设计者汇报。汇报的形式主要采用月工作简报和面对面汇报，领导会对工作进展做出批示，并把一些重大研究成果向中层领导或分场进行传播，对于新的技术分场首先进行田间示范。

通过多次交流和汇报，新的管理理念和科技也在影响着高层的决策。以香蕉管理为例，以前香蕉种植更多的是依靠经验，农资产品的购买主要是通过销售人员的推销。科技小院团队负责技术的研发和农资产品质量的监督。比如，金穗集团供应部每采购一批化肥首先要经过科技小院研究生的检测，产品合格后才会购买。同时，对高层领导的影响是潜移默化的，卢义贞董事长经常说的一句话是金穗集团产业的发展"上靠天、下靠地、中间更要靠科技"，这是影响高层管理理念的最佳体现。

2.分场场长的培养

分场场长是一个基地的最高决策者，管理整个基地的正常运行，场长必须具有过高的管理能力，不仅懂技术，同时也要懂管理。其中精通香蕉/火龙果的管理是保障分场正常运行的关键。场长不仅仅要熟练掌握技术，更要懂得技术的原理，才能更好地指导基地管理人员开展工作。分场场长生产经验丰富，但理论知识稍欠缺，针对分场场长主要是增强其对理论知识的学习。

（1）撰写技术书籍

基地场长大部分年龄偏大、知识水平较低、经验主导的转型农民，由于知识老化，他们所掌握的种植管理技术主要以以往的生产经验为主，而作为新时代的农民要种出高品质的香蕉和火龙果，不仅要有丰富的生产经验，还要了解其中的科学道理。因此，针对这个问题，首先需要为这些一线香蕉管理者灌输科学知识，阐释技术背后的原理，让他们接受新知识，了解新技术。

科技小院团队编写出了《广西香蕉高产高效栽培技术》和《广西滴灌香蕉营养与施肥》两本关于香蕉栽培和施肥的技术专著。将这两本技术专著下发给场长，使他们通过阅读技术专著来了解掌握香蕉管理和施肥等基本理论知识。这些基本理论知识是进行香蕉科学管理的必备技能，也为这两类培训对象理解研究生们的后续培训内容打下了坚实的基础。

（2）制定田间操作技术规程

有了书籍中基本理论知识的引导，还需要技术标准来规范具体实施操作。针对香蕉和火龙果生产中重要时期和管理环节制定了相应的技术规程，以此来规范农事管理和操作，实现科学标准化生产。以香蕉为例，香蕉的花果期是香蕉生产中的一个重要时期，花果期管理质量好坏直接关系到香蕉后期的果实品质，因此抓好花果期的管理是香蕉提质增效的重要措施。为此，通过长期的实践，结合经验，制定了《香蕉花果期管护技术规程》。同时制定了《香蕉水肥一体化技术规程》《火龙果水肥一体化技术规程》《火龙果分级标准》等。

金穗集团浪湾分场的黄林东场长，是一名有着多年香蕉种植经验的场长，多年来一直凭借自己积累的丰富经验来管理整个蕉园。在科技小院研究生刚驻扎在浪湾分场时，由于之前没有接触过香蕉，对香蕉的生产不了解，于是他就成了研究生实践指导老师。虽然黄场长经验丰富，但是理论知识却相对缺乏，一些技术背后的原理他并不清楚。于是研究生们就给黄场长讲解理论知识，他们与黄场长相互学习，研究生们增加了生产一线的实践能力，黄场长提升理论水平。这样时间久了研究生们学到了不少实践经验，而黄场长的理论知识也进步很大，随口就能讲出一些专业术语。在接待外来参观人员时，他也能流畅自如地讲解香蕉种植管理的科学知识，这样将经验与理论的融合，让黄场长的香蕉管理工作做得越来越好。他也被公司领导提拔，兼任生产技术部副经理职位。金穗集团种植结构调整，火龙果成为金穗集团又一种植产业，黄场长又与科技小院研究生共同学习，在研究生们的影响下学习更多的火龙果栽培知识，现担任金穗集团隆安分公司生产技术部经理一职。

四、管理员和技术员培养

管理员并不直接从事生产劳动，而是以组织、培训、监督承包户和临时工为主要职能。技术员负责整个香蕉园和火龙果园的水肥和植保工作，虽然生产技术部会形成详细的水肥和配药方案，但也需要分场技术员掌握一些基本的施肥和植保知识，以便更科学规范地开展工作。主要采用以下两种方式进行培养。

1.开展"金穗论坛"

金穗论坛培训对象以管理员和技术员为主，在香蕉和火龙果生长关键时期进行学习和经验交流（图7-7）。根据不同管理时期所需要的技术和所出现的问题，制定实际需要的培训内容，在论坛上大家听不懂的内容可以随时提问，培训之后可以互相交流经验。为了督促和检查大家对培训内容的掌握程度，培训后还会以考试的形式对大家进行考核。在论坛自由轻松的交流氛围中，大家逐渐不再拘束，越来越多的技术员在论坛上敢于主动发言，提出问题、分享经验，这不仅提高了大家工作的积极性和主动

图7-7 金穗论坛场景

性，还逐渐培养了大家学习知识的上进心，很多年轻的技术员在这里激发了奋斗的劲头，也涌现出了很多从基层水肥药专员逐渐走向领导管理层的事例。

2.组织"护果实操技能大赛"

在香蕉的各个管理时期中，花果期管理工作量巨大且集中，管理好坏直接关系到后期香蕉的产量和品质。面对这个关键的时期，通过制定《香蕉花果期管护技术规程》使管理员了解香蕉花果期的管理操作标准。管理员直接管理其负责片区的承包户，在培训承包户之前，管理员必须熟练掌握每个操作要点，并能讲解出来，这样才能有利于工作的开展。

比赛在蕉园实地开展，比赛内容包括校蕾、垫把、抹花、断蕾、打药、套袋、绑绳、顶木等护果工作（图7-8），通过管理员们在蕉园的护果表现来评估考核他们的护果能力，比赛时要一边操作一边讲解，考核他们操作能力的同时还要考核他们的培训讲解能力，以便他们在日常工作中更好地指导培训承包户和临时工。比赛后针对每个人暴露出的不同问题会给予相应的指导，让其改善提高。对于表现优异的管理员会给予相应奖励。由此，既实现了检验大家水平的目的，也激发了大家的积极性。

卢景宝是一名从一线做起的技术员。90后的他毕业后加入金穗集团负责金佳分场的水肥和植保管理，是金穗论坛和护果实操技能大赛的积极参与者与执行者。金佳分场是2016年新开垦的分场，很多研究生的试验都在这里布置。他经常与研究生们在一起讨论，时常问有没有什么新的技术可以应用到香蕉管理中。金穗科技小院研究生举办的任何培训活动，他都积极参与。慢慢地经过多次的培训，他掌握了很多田间管理的技术原理，比如水肥一体化技术的工作原理，肥料搭配原理等。在与研究生的交流学习过程中，自己也掌握了一些试验技巧，在遇到拿不准的方案会通过试验进行验证。出色的业务能力被集团领导发现，提拔为生产技术部技术主管，主要负责金穗集团国内近10000亩蕉园的水肥和植保方案的制定及监督工作。

公司各分场的一线员工中，还有很多类似的先进事例。很多人由于文化水平较低，开始只是凭着经验管理香蕉，不懂得使用科学技术，经过不断的技术培训和科学知识的讲解，他们慢慢学会了科学种植，也逐渐把从生产里发现的问题拿来与科技小院研究生交流讨论，向他们寻求其中的原因和解决措施，科学化、标准化的观念日益深入人心，香蕉的品质也在逐步提升。

图 7-8　护果实操技能大赛现场：抹花（左），打药（右）

五、承包户和临时工培养模式

承包户和临时工是技术传递的终点，他们负责香蕉和火龙果整个生长周期内所有的农事操作，是技术的最终落地实施者。承包户和临时工的科技素质和劳动技能水平直接决定着企业的生产力水平，关系到企业的生存和发展问题。因此，提升技术传播效率、改善农户科技水平、提升企业生产力水平成为金穗集团在企业发展过程中亟待解决的问题。针对承包户和临时工，主要开展了以下多种形式的培训方式（图7-9）。

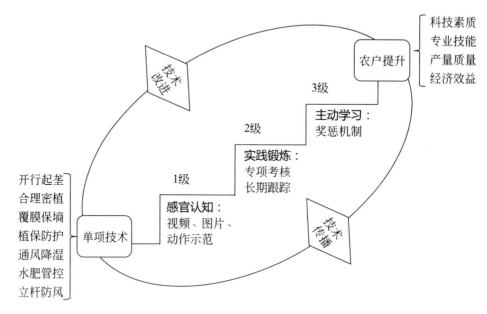

图 7-9　承包户和临时工技术培训路径

一级培训 图文并茂

第一阶段的培训分为室内课件培训和视频实操培训，前者侧重丰富农户对香蕉和火龙果生物学知识的认知，后者侧重加强农户对田间管理技术的认知。课件培训是通过简单易懂的语言对专业术语进行加工，结合搜集和制作大量的视频和图片信息，让农户能够直观有效的理解和记忆。一般雨天承包户和临时工在蕉园和火龙果园无法进行农事劳动，所以一般利用雨天或晚上承包户收工后的空余时间来组织分场承包户培训。利用多媒体设备进行培训，包括施肥、植保用药、护果操作等培训内容。

视频实操培训是对每个技术环节进行整体的操作演练，便于农户对于固定动作进行记忆，提高农户对理论知识的认知。科技小院团队组织公司经验丰富、理论扎实的员工在蕉园进行标准农事操作示范，操作的同时进行讲解，包括各项操作的注意事项和重点难点等，制作成视频。在香蕉生产的关键环节进行循环播放，加强承包户和临时工的操作能力。对于视频内容也会根据实际情况不断更新新技术、添加新内容。

二级培训 跟踪示范与技术上墙

第二阶段的培训全部在田间固定区域内完成，管理员负责对承包户进行操作过程及注意事项的讲解，并在培训过程中进行示范和指导。承包户作为实际操作者，需提前描述完成操作过程之后方可进行操作，针对理解能力和劳动能力较差的承包户，管理员将有针对性地进行长期跟踪。

为了使承包户和临时工能随时学习理论和技术，加强理解掌握，科技小院团队制作了一系列的科技展板、墙报，将不同培训内容文字化、图片化，粘贴在承包户工作和住宿的墙上，使他们能随时学习技术内容，通过这种耳濡目染、潜移默化的培训方式，提升大家对技术的认知和掌握（图7-10）。

图 7-10　技术上墙

三级培训 奖惩激励

为了保证承包户长期有效地掌握各项技能操作，除了管理员日常的跟踪监督之外，还设立了第三级培训（图7-11）。对于操作技能水平高、作业效果好的农户在单项任务完成后会给予一定金额的嘉奖，并在公司内部进行宣传，以此来激励承包户能够积极主动地学习新技术，提升承包户相互学习的积极性和主动学习的意识。

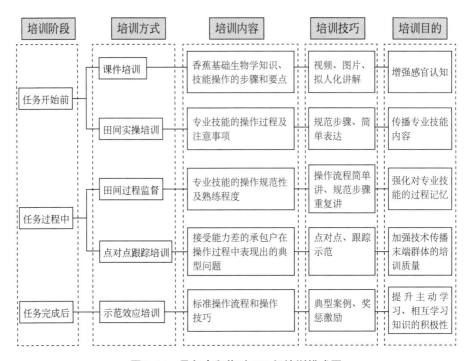

图 7-11　承包户和临时工三级培训模式图

通过建立三级培训体系，承包户能熟练掌握香蕉和火龙果管理的每个细节，有效地提高了工作效率。由承包户提拔为金穗集团香蕉分场场长或管理员的例子早已家喻户晓，黄章宏就是其中典型代表。2012年金穗科技小院刚刚建立时，他仅仅是几百承包户其中的一员。2012年下半年，金穗科技小院的研究生开始组织培训活动，每次他都积极参加。在培训完之后，他还问几个生产中碰到问题。有时候研究生在田间做试验，他会过来跟研究生聊天，会问研究生"砍这么多香蕉树干什么""如何提高香蕉商品率"等问题。研究生发现黄大哥跟其他承包户最大的区别在于善于思考和动手。于是在培训过程中，研究生会鼓励黄大哥用壮语（当地方言）给其他承包户培训。慢慢地经过两年多的培训，分场场长发现他可以胜任分场管理员的工作。征求公司高层的同意，他被提拔为分场管理员。成为管理员之后，他更加积极地参与到研究生组织的各项培训活动中。当管理员第一年他所管辖的片区收益不错，第二年被委派到其中一个分场担任场长一职，现在一直在场长的位置上为集团香蕉生产贡献力量。

六、实习生培养模式

除了以上的场长、管理员、水肥药专员和承包户等常驻人员，蕉园每年还会迎来一批特殊的"临时工"，金穗集团在每年的香蕉和火龙果采收期都会招收一批大专院校的实习生，这些实习生进入公司后主要负责协助香蕉采收现场的工作，包括采收现场人员物资协调、采收数据记录等。但是这些实习生都是尚未走出校门的大学生，之前对于香蕉采收和管理的了解几乎为零。如果协调监管采收现场的工作做不好，将会直接影响到香蕉采收进度，进而影响到后续香蕉采收的品质，所以实习生对采收期相关知识和技术的了解是十分必要的。

因此，针对这个情况科技小院团队提出了对实习生岗前进行技术培训，培训内容包括专业技术类和现场协调类两部分。为了巩固和促进实习生们对培训内容的掌握，培训后培训讲师（一般由科技小院研究生担任）会模仿学校考试的形式，在培训过后对他们进行考试检测，考试采取了面对面问答形式，包括现场对商品蕉和各种类别次蕉的辨别，对采收现场各种问题的处理等。通过这种形式的技术培训和考核，来加强实习生对采收期工作的认识，提高香蕉采收质量（图7-12）。

针对在培训和考核过程中表现优异的实习生，会专门召开会议进行了表彰和相应奖励，这也能激发他们在后续采收协调工作中的积极性。这种形式的岗前技术培训能大大提高实习生的工作效率，缩短了适应期。

图 7-12　实习生培训与考核

七、建立工作督查机制

以上各种形式的培训是为提高各岗位各工种的香蕉和火龙果管理技术水平，使之做到标准化、科学化种植管理香蕉，为了检验大家对技术的掌握和实施情况，督促大家在平时工作中按照标准规范严格要求自己，金穗集团高层决定成立工作督查小组，督查小组由组长、生产协调员、销售协调员、组员构成。按照金穗集团的基地位置分为四大片区，每个片区选择一名组长，一般由掌握每个生产环节的部门负责人担任；生产协调员一名，一般由每个片区的区长担任；销售协调员一名，一般由销售部员工担任；组员3～4名，组员轮流进行监督；实习生一名。科技小院研究生被分配到不同的督促小组，担任组员一职（表7-1）。

按照片区各小组分开检查各蕉园的工作，重点检查护果期和采收期的相关工作是否到位。通过督查小组不定时的巡查各蕉园，上至场长下至承包户的工作都能得到良好的监督。对于工作中存在问题、执行不到位的人员，督查小组会指导其改正，并按照规定给予相应惩罚；工作做得好的人员，会给予相应奖励，这样使得整个蕉园的生产管理都能得到及时地监管，对于在生产中遇到的问题，大家也能及时地反馈并进行沟通解决。

表 7-1　金穗集团督查小组安排情况

片区	总场片区	定园片区	方村片区	那浪片区
组长	企管部经理	行政部经理	技术部经理	技术部经理
生产协调员	总场区长	定园区长	方村区长	那浪片区长
销售协调员	销售员 1	销售员 2	销售员 3	销售员 4
组员	研究生 1 技术部 1 行政部 1	研究生 2 技术部 2 行政部 2	研究生 3 研发中心 1 行政部 3	研究生 4 研发中心 2 行政部 4
实习生	实习生 1	实习生 2	实习生 3	实习生 4

第八章

科技小院助力金穗集团精准扶贫

金穗集团自成立以来，主动作为，积极承担脱贫攻坚社会责任，结合实际，积极探索，通过以"统租分包""产业联盟"形式推动土地流转、集中经营。2012年金穗集团与中国农业大学共建科技小院后，通过创新集成技术，构建多元化技术推广与人才培养模式，以科技助力产业发展，建立利益联结机制，实现集团公司发展与群众脱贫同步发展，推动产业化扶贫从单向的"输血式"扶贫模式向提升内生动力的"造血式"扶贫转变。张福锁教授多次组织团队总结金穗集团产业扶贫模式，并在国内外学术大会上介绍产业扶贫模式，同时金穗集团产业扶贫模式也被多家媒体宣传报道。金穗集团产业扶贫模式作为隆安县扶贫模式的典型代表，有力地助推了隆安县脱贫攻坚战的胜利，成为隆安县乃至整个广西地区科技扶贫、产业扶贫的标杆。

一、科技扶贫——科技小院助力金穗产业扶贫新模式

科技是第一生产力，也是提高产业竞争力的关键因素。金穗集团依托科技小院创建了广西金穗香蕉产业技术创新中心、广西香蕉育种与工程技术研究中心、广西农科院特色作物试验站香蕉试验站、广西亚热带作物人才小高地等一系列科技创新平台。并通过技术讲座、专业培训等方式，培养了一支技术过硬的中青年农业专业化人才队伍（图8-1）。加强农业科技创新体系建设，鼓励转化和引进国内外先进农业技术，同中科院、中国农大、南京农大、广西大学、广西农科院等自治区内外院校合作，强化产学研结合，推动农业技术成果的集成创新和中试熟化。目的是实现"经营组织化、装备设施化、生产标准化、要素集成化、产业特色化"的现代农业发展目标。

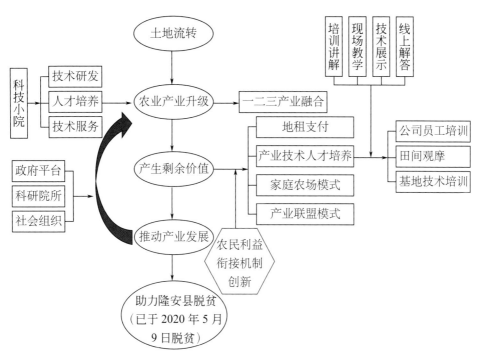

图 8-1　金穗"科技扶贫"模式

　　科技小院助力金穗集团实行的科技扶贫实现从单向"输血式"扶贫向提升内生动力的"造血式"扶贫转变，成功实现农民脱贫致富、带动农村经济发展。扶贫先扶智，提高贫困农户的技能水平和经营能力，才能增强贫困农户造血功能。金穗集团十分重视对从业农民和贫困农户的科技培训。为了让从业农民及贫困户们有更为标准化、规范化的技术培训，训练出一支专业技能强、培训效率高、亲近农民及贫困户的培训团队显得尤为重要。而科技小院研究生作为中国农业大学与金穗集团联合培养的科技人才，理所应当地扛起了培训的重任。科技培训方面，公司内部则建立了一套"公司高层-生产技术部-场长-管理员-承包户-临时工"完善的培训体系，通过举办金穗论坛、技术研讨会、基地夜间培训、实操技能大赛等，进一步强化培训不同层级农业从业人员的农技知识和标准化种植技能。据不完全统计，自2012年金穗科技小院成立以来至今，金穗科技小院（广西隆安火龙果科技小院）历届研究生依托"金穗论坛"平台自主举办农民技术培训达44场，从培训中受益从而提高自身职业技能的农民及贫困户达1300余人；累计举办田间观摩会达28场，累计参加观摩人数达900余人。同时每年还参与组织全公司所有香蕉和火龙果分场生产管理培训，让农民工掌握香蕉和火龙果产前、产中、产后全过程的标准化要求，培养了一大批高素质、高水平的种植能手和科技农民，受益人数达10000人次以上。通过对普通农民和贫困户们的技术指导和宣传推广，科技小院所引进的测土配方施肥技术、养分综合调控技术、土壤健康综合调控技术等新进技术在金穗集团国内和老挝4.5万亩的香蕉标准化基地和7500亩的火龙果种植基地得到了实质性运用。在提升农户香蕉和火龙果种植技能的同时，也切实提高了贫困户的收入，在当地脱贫攻坚战中发挥了实质性的作用。

金穗"科技扶贫"模式取得显著性的成就并不仅仅依赖于农民及贫困户的培训。在金穗科技小院近10年的发展历程中，历届金穗科技小院人用自己的智慧与汗水书写了一部部扶贫著作。据统计，自金穗科技小院2012年成立以来，共出版《广西香蕉高产高效栽培技术》和《广西滴灌香蕉营养与施肥》两本专著，并广泛流传于各大基地田间，供农民及贫困户学习参考；累计申请国家发明专利25项，专利涉及农用机械、田间施肥、果树育苗、植物保护及堆肥发酵等诸多农业领域，并灵活应用于各大香蕉分场及火龙果基地，使农民和贫困户们在田间劳作时能省时、省力、省心；在丰收时保证果实色泽鲜亮，品质佳；在出售时保证品质优、卖相好、价格高。

在提高农民科学技能的同时，广西隆安火龙果科技小院的工作在促进农民及贫困户增收上成效显著。通过广西隆安火龙果科技小院人的努力工作，各香蕉基地及火龙果分场花果率显著降低，大果及中果率连年上升，果实品质相较于以往提高了20%，使农民及贫困户们的收入每年提高近10000元，向脱贫攻坚迈出了一大步。

二、科技小院推动现代农业发展与农民利益联结成效

推进土地流转、发展现代农业、开发乡村旅游是推动金穗集团发展、推动乡村振兴的主要做法。2012年与金穗集团实现利益联结的定典屯人均收入9031元，大大超过南宁市农民人均收入6777元，村容村貌焕然一新，这个国家贫困县的小山村正由传统农区向着新型城镇化迈进。

产业发展需要技术支撑，广西隆安火龙果科技小院作为技术的主要输出源头，在以产业带动乡村振兴方面发挥着不可替代的作用。定江村定典屯综合示范村是农业产业化国家重点龙头企业金穗集团的诞生地，也是农业部南亚办的定点联系点。全屯辖2个村民小组，共有83户339人，总耕地面积3450亩，土地流转率达100%。近年来，定典屯依托金穗集团优势资源，通过能人带动、企业推动等方式，大力推进土地流转，采取"协会（香蕉协会）＋农户"的模式，着力发展特色香蕉产业，成为了全区著名的香蕉生产基地，被誉为"广西香蕉第一村"。2010年定典屯被列入南宁市新农村示范点和农村精神文明建设示范点；2012年该屯被中国村社发展促进会特色村工作委员会授予"中国特色村"称号，跻身全国28个"中国特色村"行列；2013年该屯被列入南宁市综合示范村建设范围；2014年该屯被授予"全国一村一品示范村"称号。2015年投资约1.7亿元的金穗农业自治区级核心示范区完成建设，香蕉产业规模化经营步入正轨。2016年，时任自治区党委彭清华书记和市委王小东书记到定典调研时，给予了高度肯定和评价。

1.加快农村土地流转，促进农户增收脱贫

开展"土地流转促增收，村企联姻获共赢"主题实践活动，以村企联

建为抓手，以服务土地流转为突破口，通过龙头企业带动、政府监督管理等方式，有效推动全屯土地实现合理流转。定典屯3000多亩土地流转给金穗集团，占全屯耕地总面积的100%。定典屯土地流转模式得到多方认可，示范带动全县流转土地30万亩，极大地提高了土地利用率。该屯农民除了获得"地租+承包工资"或"基本价+超额分成"的收益外，还可从生态农业和农家乐休闲旅游中获益，农民收入一份变三份，创造性地走出了一条在家门口致富的路子。村民也成功转型，实现"离土不离乡，失地不失利，就地工人化"，并在就业、收入、养老等保障上建立和完善了良性的利益联结机制。2016年该屯农民人均纯收入达16225元，是该屯2011年农民人均纯收入5523元的2.9倍。

2.积极打造综合示范村，提升发展环境条件

充分宣传、组织、发动和服务群众，通过上级出资、本级配套、群众自筹、企业投资的"四个一点"方式，共同筹集示范村建设资金，全力支持和参与示范村建设。目前，在村庄规划、产业布局、公共服务、村民管理等已完成全方位改造升级，村庄面貌焕然一新，公共服务设施不断完善，民主管理水平不断提高，农业附加值不断增加，休闲旅游功能不断提升，农民收入明显提高，成为目前广西首批表彰的新农村之一。同时，定典屯利用与金穗集团党组织"结对共建"关系，引导金穗集团投入7372万元进行农业休闲旅游项目开发。目前，每年前往定典屯综合示范村旅游观光游客近10万人次。全屯实现了从一个普通的致富村向一个综合性、示范性、辐射带动作用强的壮族特色旅游休闲宜居乡村的转变。

3.加强农村技术培训，增强群众致富本领

组织建立了广西香蕉产业协会、隆安绿水江香蕉产业合作社等组织，依托广西金穗集团的辐射带动，广西隆安火龙果科技小院研究生每年参与组织开展各类培训250场（次），对本屯村民和周边近20万亩区域内的香

蕉种植大户传授先进种植技术，培养了一大批高水平的种植能手和科技农民，发挥了"产业支撑、乡村示范、群众受益"的引领作用。

三、科技小院助力金穗集团扶贫成效

自打响脱贫攻坚战以来，金穗集团通过联合中国农业大学、广西大学等自治区内外高校，依托科技小院研发的系列绿色发展技术，通过产业发展带动当地农民脱贫，依靠科技扶贫的模式在当地扶贫工作中起到了中流砥柱的作用，为隆安县于2020年5月9日完成脱贫任务贡献了应有力量。

1.产业发展，持续助农

截止到2019年，集团公司国内自有十大香蕉生产基地，种植面积2.1万亩，通过"公司＋产业联盟＋基地"加盟户7户，种植面积5000亩。每年安置固定农民就业人员525人，人均年收入3.5万元，每年带动季节性农民工就业2000人，人均获得劳务收入1.5万元。金穗集团公司自有三大火龙果生产基地，种植面积6000亩，通过"公司＋合作社＋基地"加盟户17户，种植面积1500亩，每年安置固定农民工就业500人，人均年收入4.5万元，每年带动季节性农民工劳动就业3500人，人均获得劳务收入2万元。

2.技术支撑产业扶贫，委托经营，分红增收

2018年至今，集团公司先后与那桐、南圩、都结等15个村委开展精准扶贫产业开发合作，共计委托投入火龙果生产扶贫贷款1150万元，期限2年，每年村集体获得合作经营分成款6万元/村集体。

2016年至今，集团公司先后与那桐、都结、布泉等307户建档立卡贫

困户开展扶贫小额贷款委托经营合作，共计委托投入香蕉生产扶贫贷款1525万元，期限3年，每年为每个贫困户获得合作经营分成款4000元/户。

3. 扶贫扶智，无微关怀

2015年至今，集团公司先后向定江小学、下邓小学捐赠书籍，并联合金穗科技小院研究生为学生们带来精彩的培训与演讲，丰富其课余生活，与孩子们热情互动并奉上精心准备的礼品。适逢节假日或茶余饭后，还为基地人员带来精彩的演出，给贫困户们送上公司的赠礼，包括鸡、鸭、鱼、肉、蛋及水果等，给贫困户们无微不至的关怀，丰富他们的精神生活。

金穗集团于2019年接纳政府识别的贫困户就业86人（含2016～2019年脱贫人员，实际只有4人未脱贫），吸收来自贫困地区的农民工劳动就业509人（总人数557人）。2020年各香蕉分场总计接纳承包户188人，其中贫困县人数166人，合同标注贫困户人数35人；火龙果各分场总计接纳承包户366人，其中贫困县人数330人，合同标注贫困户人数70人。现如今的金穗集团，作为国家龙头农业企业，散发着自己的光和热。集团香蕉栽培标准化示范区种植规模达到30000亩，每亩土地租金1000元/年，共涉及将近4000户人（含贫困户140户600多人），贫困户每年获得土地租金1000元，贫困户可作为其他季节性临时工在用工高峰期到基地做工，每人每天工资收入为80～120元，通过以上途径，贫困户人均年收入达到16000元，比上年增长20%，高于全县平均水平近10000多元。

在隆安县脱贫之际，金穗集团不忘初心，牢记使命，积极作为，仍以带动贫困户脱贫致富为己任，带动当地经济发展和乡村振兴，让隆安县人民在富强的道路上阔步向前，脚印愈发清晰。

展望

自2012年以来，在中国科协领导下，高校、金穗集团、地方政府、地方科协等的大力支持、配合和关心下，广西隆安火龙果科技小院（金穗科技小院）得到了快速发展，实现了"政产学研用"五位一体的有机融合。高校实现了服务社会和人才培养的使命，在成果转化方面，将研究的成果通过科技小院培训、示范、推广等应用到生产中，并切实提高了生产效率，为企业产业的发展做出了重要贡献，这又能反过来促进学术研究的积极性并更加注重其实用性。在人才培养方面，研究生们以解决生产问题为导向，培养了其发现问题和解决问题的能力和工作方式，在生产一线磨砺锻炼既能亲身感受到国家三农发展的现状，培养责任意识，又能对自己所学专业知识有更加直观的体会。学生们的能力得到了广泛的认可，尤其是对口企业都表达了求贤若渴的态度。在社会服务方面，各方单位团结合作，不仅促进了香蕉、火龙果等产业的绿色发展，也推动了产业升级，实现了一二三产业的大融合。

今后，广西隆安火龙果科技小院将继续以"解民生之多艰，育天下之英才"和"精耕中国，基业长青"为己任，以"香蕉/火龙果全产业绿色发展与提质增效"为目标，培养更多"知农、爱农"的复合型新农科人才，助力企业产业升级，为国家热带农业绿色发展和乡村振兴贡献力量。

图 1-1 张福锁教授（左三）和李晓林教授（左一）带领研究生深入金穗集团生产一线

图 1-2 2012 年广西金穗科技小院揭牌

图 1-3 2019 年广西隆安火龙果科技小院揭牌

图 1-9　广西科协副主席刘翠权、广西大学农牧产业发展研究院副院长邹知明调研科技小院运行模式

图 1-12　中国农业大学党委书记姜沛民（左二）听取张江周（右一）汇报科技小院工作

图 1-13　中国农业大学原校长柯炳生（左五）在张福锁老师（右四）和林子海总裁（右五）陪同下视察科技小院

图 2-3 江荣风教授（右二）与金穗集团领导共同商讨实验室建设情况

图 2-5 张福锁教授（右四）、李晓林教授（左二）、江荣风教授（左一）与卢义贞董事长（左三）在中国农大讨论科技小院工作

图 2-6 金穗集团产业发展技术创新历程

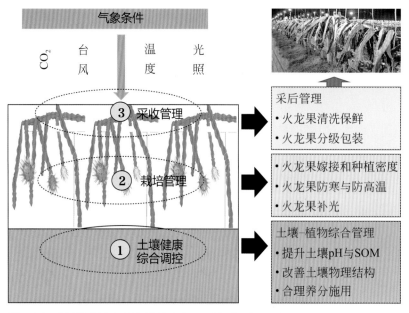

图 3-1 金穗集团火龙果产业优质高产绿色生产技术体系模式图

图 3-5 张福锁教授（左一）介绍火龙果土壤健康培育技术

图 3-7 中国农技协理事长柯炳生（左前二）、广西科协党组书记纳翔（左前一）倾听研究生（右一）汇报火龙果种植技术

图 3-10　金穗集团火龙果园补光

图 3-11　张福锁教授查看火龙果补光效果

图 3-14　中国农技协理事长柯炳生在培训会上致辞

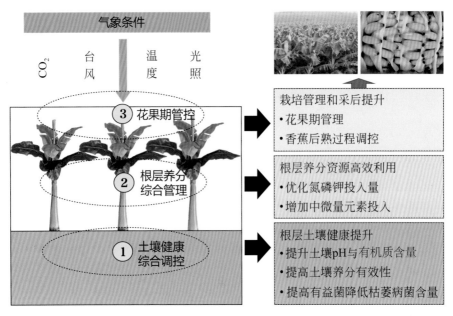

图 4-1　金穗香蕉产业优质高产绿色生产技术体系

图 4-8　张福锁教授（右）
展示改良效果

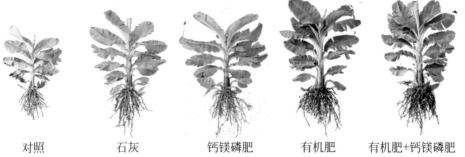

对照　　　　石灰　　　　钙镁磷肥　　　　有机肥　　　有机肥+钙镁磷肥

图 4-9　不同土壤改良剂对香蕉生长的影响

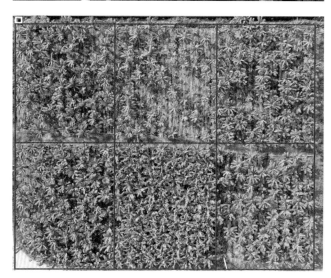

图 4-11　李晓林教授（左三）、左元梅教授（左二）和王冲教授（右二）查看土壤线虫防控效果时田间合影

图 4-12　不同抗枯萎病香蕉品种田间表现

图 4-17　卢义贞董事长（右一）在蕉园听取研究生工作汇报

图6-7　张福锁教授(左一)
对研发模式进行总结

图 6-10　金穗生态有机肥在蔬菜上的使用效果

图 6-13　覆盖基质及其在火龙果上的应用